JN001744

光のアートで地方創生

地域を活性化させる

Projection Mapping to Attract Tourists

プロジェクション
マッピング

株式会社一旗　代表取締役
東山武明
HIGASHIYAMA TAKEAKI

幻冬舎MC

光のアートで地方創生

地域を活性化させる
プロジェクション
マッピング

はじめに

　地域に観光客を呼び込み地方創生につなげたい、地域の観光スポットをより多くの人にも知ってもらい知名度を向上させたい——近年、こうした目的を達成するためにプロジェクションマッピングを実施する地方自治体が増えています。

　プロジェクションマッピングとは、プロジェクターを用いて建物やオブジェなどの立体物の形状に沿って映像を投影し、さまざまな視覚効果を与える技術、あるいはその技術を用いたイベント・パフォーマンスのことを指します。地域の歴史的建造物や文化財に映像を投影することで、光のアートによる幻想的な空間を創り出すことができます。目の前で繰り広げられる迫力ある映像がもたらす感動は、その場所に足を運んでこそ体感できる醍醐味があり、多くの集客が見込めます。

　また、プロジェクションマッピングを見た興奮や感動を共有しようと多くの人がSNSで動画や写真を拡散するため、海外を含め来場者以外にも情報が拡散され話題になるという面でも効果的です。さらにプロジェクションマッピングは暗い環境が必須で屋外の場合は夜間に実施されるため、周辺での飲食や宿泊などナイトタイムエコノミー（夜間の経済活動）の振興という経済波及効果も狙うこともできます。

　しかし、プロジェクションマッピングを単に実施するだけですぐに地方創生につながるわけではありません。戦略的な仕掛けがなければ集客につながらないばかりか来場者の期待にも応えられず、本来の目的であるはずの地域の知名度向上や地方創生にはなかなかつながらないのです。

　私は現在、プロジェクションマッピングをはじめとするデジタル技術を活用したイベントのプロデュース・総合演出を手がける会社を経営しています。2002年に日本放送協会（NHK）に入局し、2012年にNHKエンタープライズが企画制作を担当した東京駅のプロジェクションマッピング「TOKYO STATION VISION‐トウキョウステーションビジョン‐」を見たことがきっかけで、デジタル技術とエンターテインメントの融合に大きな可能性を感じるようになりました。その後、地方創生に貢献できる事業での起業を志し、2019年、17年間勤めたNHKを退職して株式会社一旗という会社を設立しました。現在はプロジェクションマッピングやイマーシブミュージアムの企画制作に携わり、城や寺など地域の伝統的建築物、文化観光資源、文化財に登録されている古民家や料亭、美術館・博物館といったさまざまな場所を活用したデジタルアートイベントを手がけています。

　そうしたイベントを企画するうえで私が最も大切にしていることは、映像コンテンツにその地域ならではの歴史や文化伝統を表現する場面を盛り込み、観光客がその場所に足を運んで映像を見る価値を実感できるイベントとすることです。地方自治体の担当者から「プロジェクションマッピングをやってみたいけれど、そもそも映像を投影できそうな建物がない」「うちのような地域に観光客が来てくれるのか自信がない」という声を聞くことがあります。しかし、それぞれの地域の歴史や文化伝統、あるいは自然景観に目を向ければ、必ずその地域にしかで

きないようなユニークなプロジェクションマッピングは実現できます。地域ならではのすばらしい魅力を織り交ぜた映像コンテンツを制作し、地域のユニークなロケーションを生かしたプロジェクションマッピングを実施することによって、参加した観光客に地域の魅力が伝わるだけでなく、地域住民のシビックプライド（住んでいる地域への誇り）の醸成にもつながります。

　また、プロジェクションマッピングを何の目的を達成するために行うのかという戦略策定やイベント終了後の波及効果測定までをトータルでマネジメントすることも大切にしています。具体的には、地域の課題やプロジェクションマッピングに期待する効果を丁寧にヒアリングしたうえで企画を立案し、集客力を発揮できるコンセプトメイキングや、戦略的な広報やＳＮＳを含めた広告を展開し、最適な投影システム設計や会場までのアプローチ全体の演出、メディアの広告価値換算やＳＮＳ投稿のトレンド評価、記録映像のアナリティクス分析まで実施しています。このようにきめ細かく設計・評価を進めることで、たとえその地域に知名度の高い国宝級の文化財がなくても、人を集め地方創生につながるプロジェクションマッピングは行うことができるのです。

　本書では、プロジェクションマッピングに関する基礎知識、そしてそれを活用した地域ならではの事例を幅広く紹介します。地域に根ざして地方創生や文化観光のＤＸに取り組む地方自治体の担当者や地域の文化観光関係者、プロジェクションマッピングに興味のある次世代クリエーターにとって一助になれば幸いです。

目次

PART **2**

人を呼び込み、感動を生み出し、地域を再生させる

プロジェクションマッピング
サクセスストーリー

PART 3

地域の歴史と人々の記憶に残る感動と驚きを──
プロジェクションマッピングの
技術はまだまだ進化する

PART 1

地域の魅力と
デジタル技術を組み合わせ、
新たな価値を提供する

地域を活性化させるプロジェクションマッピング

　プロジェクターを用いて建物やオブジェなどの立体物の形状に沿った映像を投影し、さまざまな視覚効果を与える技術、あるいはその技術を用いたイベント・パフォーマンスであるプロジェクションマッピング。近年ではオリンピック・パラリンピックの開会式・閉会式や有名テーマパークのナイトエンターテインメント、ステージショーや音楽ライブの演出にも使用されるなど、世界的にメジャーな技術になってきています。

　投影対象の凹凸に合わせて立体的な映像を重ねることで、空間に幻想的な光の世界が浮かび上がるのがプロジェクションマッピングの視覚効果の特長です。

　城や寺など地域の文化観光資源を生かして夜間に行われるプロジェクションマッピングは、その視覚効果や特別性で人々に驚きや感動を与えることができます。期間限定のイベントだからこそ多くの人を呼び込み地域を活性化させるだけでなく、その土地の歴史や文化伝統をモチーフにした場面の映像を投影することでその地域ならではという話題性を創出し、地域のシンボルを華やかに彩ることでシビックプライド（Civic Pride）の醸成にも役立ちます。さらにプロジェクションマッピングは暗い環境が必要なため屋外で実施する場合は必然的に夜間帯の開催となり、飲酒を伴う飲食や宿泊といったナイトタイムエコノミーの活性化という経済波及効果が期待できるのです。

地域活性化における
地方自治体の課題

▶ 少子高齢化に悩む地方自治体

　日本では年々少子高齢化が深刻さを増し、解決の糸口がいまだに見いだせていません。社会保障費、経済成長、介護人材などさまざまな問題が山積みですが、中でも重大な問題の一つになっているのが、地方における急激な人口減少です。

　地方では少子化に加え、東京を中心とした大都市への人口流出が深刻であり、この傾向は特に15～24歳の若者で顕著です。つまり、地方自治体では支援政策などで子育て世代を応援してせっかく子どもの数を増やしても、経済活動を担う年代になると、地元から出ていってしまうという問題を抱えているのです。その結果、地方の産業の担い手が不足するだけでなく、経済を活性化させる消費者もいなくなり、地方の産業が弱体化してしまいます。そうなると地方での雇用の機会はさらに減少し、残っていた若者も働き口が見つからないため、大都市を目指すようになります。さらに出ていった若者は出産や育児も大都市で行うことになるため、地方で子どもが生まれなくなり、少子化と人口減少がますます加速していきます。この負のスパイラルとも言える状態をどうにか改善することが、日本全国の多くの地方自治体で急務となっています。

▶ 経済活動の活発化が地域活性の起爆剤

　戦後、増加を続けていた日本の人口は2008年の約1億2800万人をピークに減少に転じました。国はこの年を人口減少社会の「元年」と位置づけており、以降人口は急激な下降を続けています。そこで政府はこれまでの対策に加えて2014年に地方創生を掲げ、「まち・ひと・しごと創生本部」を創設して、さらなる問題解決に取り組みました。これは東京一極集中を是正し、地方の人口減少に歯止めをかけ、日本全体の活力を上げることを目的としたものです。これにより改めて地方自治体は、地域活性化や地域の魅力の再発見、シビックプライドの醸成などに取り組むことになりました。

　例えば地域活性化の視点では、地域の経済活動をより活発にして、地元の人やほかの地域から訪れた人が使うお金が、地元の企業や店舗に流れるようにすることが求められます。それにより地域に暮らす人の収入が増えたり、新しい雇用が生まれたりします。そうすれば仕事を求める若者にとっても、大都市に出ていかなくても慣れ親しんだ地元で仕事が見つけられるようになり、人口流出にも歯止めがかかるというわけです。

　また地域の魅力の再発見という視点では、地域の魅力が向上することで来訪動機が生まれ、大都市を含むほかの地域からの観光客の流入が見込めます。観光客が地域を訪れ、飲食店や宿泊施設、タクシーなどの交通機関を利用してお金を使うため、

経済の活性化につながります。また、もともとその地域に住んでいた人たちは、ほかの地域の人が感じる魅力に気づくことで、地域への愛着がより強くなるという効果もあります。そうすれば若者が地元にとどまる理由にもなり、大都市への人口流出を減らせます。さらには、観光で地域を訪れた人が魅力を感じて移住を検討し、ゆくゆくは定住してくれる可能性も出てきます。

こういった変化が生じることで、その地域に住む人々のシビックプライドが育まれ、より強固なものになっていきます。シビックプライドとは、自分が住んでいる地域への誇りを指す言葉で、郷土愛に近いイメージがあります。ただし、その地域の出身者が抱くふるさとへの愛着という意味合いの郷土愛に対し、シビックプライドはその地域の出身であるかどうかにかかわらず、移住者を含めて、その地域に対する想いや誇りを言い表すものであるという点で少々違っています。

これはみずからが主体となって地域を創り、よりよくしていこうという当事者意識、自負心とも言えます。地域活性化や地域の魅力の再発見が進み、地域の様子が変化していくのを目の当たりにすることでシビックプライドが醸成され、それが地方創生へとつながっていきます。

国もこのような効果を期待し、地方自治体の地方創生の取り組みに対してさまざまな補助金の制度を設けるなど、支援を行っています。

▶ 地域経済に大きく寄与するプロジェクションマッピング

　とは言え、地域活性化や地域の魅力の再発見は、それほど簡単に進むものではありません。地方自治体の担当者など、地方創生に資する取り組みをミッションとして課された人の中には、実効性のある取り組みが何も思い浮かばないという人も多いと思います。「地域活性化に貢献したい」という思いはあっても、ほかの地域の成功事例から学ぶ勉強会やワークショップなど、机上の空論で終わってしまう実態の伴わない取り組みも散見されます。

　また、ユニークなイベントやアニメの聖地化などで一時的にメディアをにぎわせても、特定のファンのみがターゲットとなりその経済効果が長続きしないケースも数多く見られます。戦略的に多くの人が集まる施策を仕掛け、経済波及効果を高めながら継続的に次の施策につなげていくのは、特定のファンを集めるよりもはるかに難しいことなのです。このような理由から、地域活性化や地域の魅力の再発見が有効だと分かっていても、実効性のある取り組みができていない地方自治体や観光関係者は少なくありません。

　そこで提案できる施策として、プロジェクションマッピングがあります。プロジェクションマッピングによるイベントの開催は、訪日外国人旅行者を含めあらゆる層がターゲットとなるため地域活性化や地域の魅力の再発見につながり、実効性のある経済波及効果が得られます。メディアで取り上げられるだけでなく、ＳＮＳで来場者が写真や動画を投稿し、そのアーカイブが蓄積されるため、回を重ねるごとにほかの地域からの集客力が高まります。地方創生のためには、イベントを仕掛けることによって得られた経済波及効果や知名度を継続的に発展させていく施策が必要で、ターゲットが広く海外からでも足を運ぶ動機となり得るプロジェクションマッピングは地方創生の切り札となる可能性があるのです。

国史跡斎宮跡 平安絵巻 プロジェクションマッピング 2023

プロジェクション マッピングとは何か

▶ 建物やオブジェなどの立体物に沿った映像を
投影する技術

　プロジェクションとは英語で「投影」という意味で、プロジェクターを使用します。細かい構造の説明は省きますが、光源からの光を拡大して映像を投影する装置をプロジェクター（投影機）と総称し、映画やプレゼンテーションで使用するプロジェクターのようにスクリーンに投影する用途が一般的です。

　しかしプロジェクションマッピングの場合、映画やプレゼンテーションとは異なり、投影対象が平面ではなく立体であるということが最大のポイントです。建物やオブジェなどの立体物は平面的なスクリーンとは異なり凹凸があるため、その凹凸に沿って映像を投影する「マッピング」の技術が必要になります。

　マッピングとはマップ（map）の動名詞形で、「地図を作る」という意味もありますが、「位置を割り当てる」という意味でも使われます。プロジェクションマッピングにおける「マッピング」とは、投影する映像と投影対象の凹凸を含む位置がずれることなくピッタリと重なる技術を指しています。

　スクリーンのような平面的な投影対象であれば、映像の投影位置が多少ずれたとしても映像そのものが見えなくなってしまうことはありません。しかし、投影対象が立体物の場合、映像の投影位置がずれてしまうと、すべての凹凸部分の映像にずれ

が起こるため何の映像を投影していたかが分からなくなってしまいます。そのため、投影する映像と投影位置をピッタリと重ねる「マッピング」の高度な技術が必要不可欠になるのです。

　同様に屋外で映像の投影を行うイベントとして、車に乗ったまま映画を鑑賞するドライブインシアターもありますが、これも平面のスクリーンを使用し、「マッピング」の技術を必要とはしない点で、プロジェクションマッピングとは異なります。なお、「マッピング」の技術を使用せず、立体物に平面的な映像を投影するだけのイベントをプロジェクションマッピングと称することもありますので注意が必要です。

> ▶ 3DCG映像を使用することで
>   ダイナミックな表現が可能に

　プロジェクションマッピングの投影コンテンツに使用される映像は主に3DCG（3次元コンピューター・グラフィックス）です。建物のような立体物に3DCGの立体的な映像を投影することにより、まるで建物自体がぐにゃりと曲がったり回転したりするような錯覚を起こさせる、ダイナミックな表現ができるようになります。現実に見えているものなのに、現実ではありえないような光景を演出できるという、視覚的効果の高さがプロジェクションマッピングの特長と言えます。

03 プロジェクション マッピングの歴史と 広がり

▶ ディズニーランドのアトラクションでも使用

　プロジェクションマッピングの始まりは意外に古く、1960年代からあったとされます。一般財団法人プロジェクションマッピング協会によると、1960年代末にはアメリカのディズニーランドでプロジェクションマッピングの技術が使用されたアトラクションが誕生しました。「ホーンテッド・マンション」というアトラクションで、胸像の顔の部分に映像を投影し、まるで生きているかのように見せたものです。日本には1983年の東京ディズニーランド開園と同時にこのアトラクションが持ち込まれ、2024年現在でも見ることができます。

　当初は胸像のような小さな投影対象で、現在のような大規模な建物などに投影したものではありませんでした。プロジェクションマッピングの技術が新しいショーとして世界的に知られる大きなきっかけとなったのは、2008年に行われた北京オリンピックの開会式です。巻物を模したオブジェクトに映し出された、立体的で大きく鮮やかな映像は、世界の人々に衝撃を与えました。

北京オリンピック（2008年）のプロジェクションマッピング
写真提供：株式会社水谷事務所／特定非営利活動法人 MERRY PROJECT

▶ 大きな反響を呼んだ「TOKYO STATION VISION
　　−トウキョウステーションビジョン−」

　その後、日本でもプロジェクションマッピングの技術を使用
したイベントが行われるようになりましたが、爆発的に「プロ
ジェクションマッピング」という言葉が広まるきっかけになっ
たのが、2012年に東京駅丸の内駅前広場で行われた「TOKYO
STATION VISION −トウキョウステーションビジョン−」です。
これは2007年から行われていた東京駅丸の内駅舎の保存・復
元工事の完了やグランドオープンに向けて行われたもので、大
正時代に創建された当時の姿によみがえった煉瓦造りの駅舎に
SLや鳳凰などのプロジェクションマッピング映像が投影され
ました。非日常の視覚体験が強く人を引き付け、警備に支障が
出るほどの来場者が集まり主催者が投影を中止せざるをえない

人気イベントとなったのです。

▶「TOKYO STATION VISION −トウキョウステーションビジョン−」のプロジェクションマッピング

　このプロジェクションマッピングはＪＲ東日本が主催したものですが、企画・制作をＮＨＫの関連会社、ＮＨＫエンタープライズが手がけました。当時ＮＨＫ職員として勤務していた私がプロジェクションマッピングに強く興味を持つきっかけになったのがこのイベントです。映像技術を駆使し、テレビ画面ではなく現実にそこにある建物に立体的な映像を投影することで、これほどまでに集客力と話題性のあるイベントが実現できることを知り、いつか自分も手がけたいと思うようになりました。

　東京駅でのイベントをきっかけに、プロジェクションマッピングは一気に全国的に名前が知られるようになりました。それから10年以上を経て、現在のように全国各地でさまざまなプロジェクションマッピングが行われるようになったのです。

▶ 技術の進歩で活用の幅が広がる

　2024年現在、プロジェクションマッピングが全国的に広がっている背景には、主に2つの要因があると考えています。1つ目はハードウェアであるプロジェクターやコンピューターの進化、2つ目はコンテンツである3DCG制作技術やソフトウェア

の進化です。これらの技術の進歩により、10年前は巨額の予算がなければ実現できなかったプロジェクションマッピングが、地方自治体などでも導入しやすくなりました。

　プロジェクターの進化という点では、この10年ほどの間にプロジェクターの明るさが飛躍的に向上しました。2021年の東京オリンピックの開会式・閉会式でも使用されたPanasonicのプロジェクターを例に挙げると、2012年のロンドンオリンピックの開会式・閉会式で使用されたプロジェクターは明るさ2万lm（ルーメン）でしたが、東京オリンピックでは5万lmまで明るさが向上しています。

空間体感！動き出す浮世絵展 NAGOYA

　プロジェクターを真っ暗な会議室で使用するのであれば映像の投影範囲も狭いため、それほどの光量は必要ありません。しかし、プロジェクションマッピングのように真っ暗ではない、しかも広い範囲に映像を投影しなければならない場合、プロジェクターには多くの光量が必要になります。

　2008年の北京オリンピックや2012年の「TOKYO STATION VISION－トウキョウステーションビジョン－」のころはプロジェクションマッピングに使用できるほど明るいプロジェクターはとても高価で、しかも重量があるものでした。
　さまざまな技術革新を経て、ハイエンド機種はより明るく、同じ明るさであれば従来よりも軽量で持ち運びが便利な機種が開発されたことで、プロジェクションマッピングに使用できるプロジェクターの選択の幅が広がり、地方自治体などでも実現できる余地が生まれました。

▶ 3DCG制作技術の進化

　2つ目の3DCG制作技術の進化については、大容量のデータをより高速で処理できるようになり、3Dモデルに与えた光や質感、動きを2Dのアニメーション（動画）に変換するレンダリングと呼ばれる処理の時間が大幅に削減されました。

　また、そうしたデータをやり取りする通信環境が劇的に改善したほか、オンラインストレージやストリーミング技術による試写、クラウドによる離れた場所での共同作業ができるようになるなど、この10年ほどの間に3DCG制作に必要なハードウェア環境が整い、効率化が進みました。

　ソフトウェアの面では、Blender、Maya、3ds Maxといった3Dモデルを制作するソフトウェアが進化し、ソフトウェアライセンス料の負担も減りクリエーターの参入障壁が下がりました。また、リアルタイムレンダリングエンジンと呼ばれるUnreal Engine、Unityの進化により、リアルタイムでデータをもとに高画質な3DCGが制作できるようになり、映像表現の幅が広がりました。

　コロナ禍によるリモートワークやコミュニケーションツール

プロジェクションマッピング用3DCG画像

の普及によって、国内・海外のさまざまなスキルを持つ
3DCGクリエーターとのコラボレーションが容易になったこ
とも挙げられます。さらにAIが普及し、3DCG制作過程の
効率化や自動化などに大きく寄与しています。

　このように、プロジェクターの進化、そして3DCG制作技
術の進化により、プロジェクションマッピングを行うために必
要な機材やコンテンツ制作の選択の幅が広がりました。その結
果、10年ほど前の数千万円から数億円という予算規模から、
場合によっては1000万円以下の予算規模でも実現できるよう
になり、地方自治体などでもプロジェクションマッピングによ
るイベントが実施しやすくなってきています。

岩崎城のプロジェクションマッピング

▶ SNSの普及と地方創生

　技術の進歩により地方自治体でもプロジェクションマッピング（以後はイベントとしての意味）が実施しやすくなったことに加え、SNSの普及による情報の流通の仕組が変わったことが、地方創生の切り札としてのプロジェクションマッピングの存在感をさらに大きなものにしています。

　スマートフォンの普及に加えて、Instagram、TikTok、YouTubeショートなどの短い縦型動画によって情報の流通の仕組みが激変し、それまでのようにテレビや新聞といったマスメディアに頼ることなく、SNSだけでもプロジェクションマッピングに集客することが可能になりました。

　プロジェクションマッピングは視覚的効果が非常に高く、ついシェアしたくなる動画コンテンツとして非常に魅力的で、SNSで「映える」イベントとなります。つまり、SNSとプロジェクションマッピングは相性がよく、イベントを「撮りに行きたい」という集客力、「シェアしたい」という拡散力、さらに検索されたときにヒットする宣伝力を兼ね備えているのです。また、人間には本能的に動くものを目で追う性質があります。静止画ではなく映像を投影し、それが動画コンテンツとしてシェアされることで、より多くの人の目に留まるようになります。

　テクノロジーの進歩だけでなく、こうしたメディア環境や社会の変化によっても、プロジェクションマッピングの有用性や社会的価値が高まってきました。

　プロジェクションマッピングは単純に「映える」からこそインバウンドを含む多くの人を呼び込むことができ、地方創生にもつなげられるという特長を持っているのです。

▶ ナイトタイムエコノミーの活性化につながる

　プロジェクションマッピングが地方創生に効果的な理由の一つに、夜間帯の開催が挙げられます。

　プロジェクションマッピングは、映画やプレゼンテーションで使用するプロジェクターと基本的には同じ原理のプロジェクターを使用しており、周囲が暗くなければ映像が鮮明に見えません。まして屋外で行うプロジェクションマッピングとなれば、周囲が暗くなる夜間にしか実施できません。

　集客力のあるイベントを夜間に行うことは、ナイトタイムエコノミーの活性化につながります。ナイトタイムエコノミーとは夜間の経済活動のことで、夜間帯のイベントは飲酒を伴う飲食や宿泊といった面において、日中時間帯のイベントとは異なる経済波及効果をもたらすのです。夜の飲食は朝食や昼食に比べて消費金額が格段に高くなります。日中の観光の場合、飲食は短時間の昼食やカフェでの休憩などで、消費金額は高くありません。しかし夜間の観光であれば、昼間に比べると長時間で

しかも飲酒を伴う機会が増え、さらに複数の飲食店を回る場合もあります。また、宿泊とセットで訪れる人が増え、宿泊施設の需要が増加します。

　地方の多くの観光地の課題として挙げられるのが、観光消費単価（観光客1人の1回の旅行での消費額）をどう上げるかという点です。観光消費単価の上昇に最も効果的なのが消費金額の多い飲食や宿泊を伴う夜間帯の施策、すなわちナイトタイムエコノミーの活性化です。集客力のあるプロジェクションマッピングを夜間帯に開催することで、ナイトタイムエコノミーの活性化に大きく貢献することができます。

　プロジェクションマッピングにはこのように、地域の経済を活発化させる効果があります。さらにSNSで「映える」ことによる話題性、拡散力により、人が人を呼び、地方創生へと導いていくきっかけとなるのです。

▶ XRやメタバースの登場と文化観光DX

　プロジェクションマッピングは近年、仮想現実（VR）や拡張現実（AR）、複合現実（MR）などXR（クロスリアリティー）技術の進展、さらにメタバースの登場によって、それらの技術と比較されることが増えました。

「プロジェクションマッピング」という言葉が日本で爆発的に普及してから10年以上が経ちますが、現実の物理空間と３ＤＣＧを使用した仮想空間を映像によって融合させるという共通点から、プロジェクションマッピングは近年飛躍的に進化しているＸＲ技術の一つとして捉えることもできます。一方で、ＶＲゴーグルやスマートフォンなどの視聴デバイスがなくても肉眼で体感できるプロジェクションマッピングの圧倒的な優位性はほかのＸＲ技術やメタバースとは一線を画すため、次元が異なる体験価値を持つ革命的な技術といえるかもしれません。

　もう一つ、近年は「ＤＸ（デジタルトランスフォーメーション）」の流行もプロジェクションマッピング普及の追い風になっています。特に、2020年に施行されたいわゆる文化観光推進法で示された「文化観光」の概念に「ＤＸ」を組み合わせた「文化観光ＤＸ」は地方創生に資する取り組みとして、大きな潮流になっています。デジタル技術を駆使して、地域の文化観光資源である歴史的な建物に地域の歴史や文化伝統のデジタルアーカイブを活用したストーリー性のある映像コンテンツを投影するプロジェクションマッピングは、まさに文化観光ＤＸそのもの、最前線の取り組みと言えます。

人を呼び込み、感動を生み出し、
地域を再生させる

プロジェクション
マッピング
サクセスストーリー

　私たちが手がけるプロジェクションマッピングは地方を中心に各地で実施され、
そのつど大きな反響を呼んでいます。それはただプロジェクションマッピングを行
うだけでなく、コンセプトメイキングや集客、パブリシティーも含めた話題作りな
ど多面的な戦略によって、効果の最大化を目指しているからです。
　地域ならではというコンセプトに立脚した会場選定、メディア取材を呼び込む
ＰＲ戦略、ＳＮＳで拡散される仕掛け、最先端技術を駆使した文化芸術表現など、
さまざまな要素をプラスしていくことで、インバウンドを含む集客だけでなく地域
の魅力の再発見、シビックプライドの醸成につなげ、地域の経済活性化に貢献して
います。

　プロジェクションマッピングによってもたらされる経済効果は、全国各地で開催されている花火大会にも匹敵する規模のものもあります。期間限定の夜間景観の創出によってその期間しか体験できない特別な価値を持ち、「映える」ためＳＮＳで拡散される——というように花火大会と共通する魅力も多く、継続してイベントを実施し地域の風物詩として定着させることで、より大きな効果をもたらすことは間違いありません。

　今まさに技術革新のさなかにあり、今後も地域ならではの特色あるアイデアの実現によって、より効果的な展開が考えられます。プロジェクションマッピングは今後さらに進化し、地方創生の起爆剤となる大きな可能性を秘めています。

CASE

1-1

CITY 愛知県岡崎市

徳川家康生誕の地ならではの モチーフを城に投影し 9日間で約5万人を動員

目的 》》》
- 徳川家康生誕の地ならではの文化観光資源と先端技術を生かし、歴史伝統を昇華させたデジタルアートを公共空間に創出する
- 夜間の観光客増加、滞在時間の延長によるナイトタイムエコノミーの活性化

THEME
- 大河ドラマの経済効果を最大化する

効果 》》》
- 9日間合計で約5万人を超える来場者
- 2億円以上の経済波及効果をもたらした

イベント 》》》

岡崎デジタルアートナイトフェスティバル 2022-2023

期間 桜城橋（第1弾）
2022年11月11日（金）〜13日（日）
岡崎城大手門（第2弾）
2022年12月23日（金）〜25日（日）
岡崎城天守閣（第3弾）
2023年1月20日（金）〜22日（日）

日数 9日間 　**経済波及効果** 2億円以上

DATA 愛知県岡崎市の概要

人口	**38万3789人** （2023年4月1日現在）
世帯数	**16万8543世帯** （2023年4月1日現在）
面積	**387.20 km²**

名産品・特産物
旧本多忠次邸
岡崎石工品
八丁味噌
あわ雪豆腐

　岡崎市は愛知県のほぼ中央に位置し、古くから東西を結ぶ街道の宿場として栄えてきた。人口は約38万人と、名古屋市（約233万人）、豊田市（約42万人）に続く愛知県第3の都市である。新幹線の停車駅はないが、名古屋駅から岡崎駅までは電車で約30分と通勤圏内にあり、また豊田市と隣接することからもベッドタウンとしての性格を強めている。

　一方、徳川家康の生誕地として知られ、成道山大樹寺、伊賀八幡宮など、家康ゆかりの社寺・史跡を中心に観光地として注目を集める。八丁味噌の産地としても有名。大規模なショッピングセンターや小売店舗が立ち並び県内屈指の経済圏となっているものの、地域の店舗街などは苦戦を強いられ、まちづくりのうえでの課題となっている。

旧本多忠次邸
写真提供：岡崎市

八丁味噌
写真提供：岡崎市

▶ 大河ドラマの経済効果最大化に向けた プロジェクションマッピング

　愛知県岡崎市で2022年11月から2023年1月にかけて合計9日間行ったプロジェクションマッピングは、大河ドラマで岡崎市が全国的な注目を集める中での開催とあって、大きな集客力と波及効果がありました。

　岡崎市でのプロジェクションマッピングは2020年11月以降いくつかの実証実験を経てノウハウを積み上げ、2023年のNHK大河ドラマ『どうする家康』の放送を見据えてナイトタイムエコノミーの活性化に大きく寄与すると期待されていました。岡崎市のシンボルである史跡岡崎城跡は徳川家康生誕の地として知られ、家康の産湯に使われたと言われる井戸や、家康のえな（へその緒・胎盤）を埋めたとされる東照公えな塚などが残されています。日本100名城の一つとして、春には花見、夏には花火大会が行われ多くの観光客を集める歴史と伝統のある城です。

　岡崎市では『どうする家康』に合わせて、岡崎公園内にある「三河武士のやかた家康館」を「どうする家康 岡崎 大河ドラマ館」としてオープンさせるなど大河ドラマを契機にさまざまな取り組みが行われ、プロジェクションマッピングもそうした取り組みの一つとして岡崎市の主催で開催されました。

岡崎城天守閣の３ＤＣＧ

> ▶ 天守閣だけでなく和傘も使った
> 　プロジェクションマッピングで回遊を図る

　合計9日間行われたプロジェクションマッピングのうち、フィナーレとなる3日間は岡崎城天守閣や岡崎公園の入り口にある大手門へも映像を投影し、さらに岡崎公園内にスクリーンに見立てた24本の和傘を設置し、そこにも映像を投影しました。

　併せて、9日間のプロジェクションマッピングとは別のイベントとして、岡崎城から3kmほど離れた場所にある大樹寺でもプロジェクションマッピングを行いました。大樹寺は徳川将軍

家の菩提寺で、歴代徳川将軍の位牌が安置されている歴史ある寺です。桶狭間の戦いに敗れた徳川家康が逃げ込み敵に囲まれ自害を試みたとき、住職に教えを受けて切腹を思いとどまったという逸話も残っています。大樹寺も含め、一連のプロジェクションマッピングを毎回同じ場所ではなく複数の場所で変化を付けて行うのには理由があります。

▶ 滞在時間の延長と市内での回遊を図る

　岡崎市でプロジェクションマッピングを行う最大の目的は「大河ドラマの経済効果を最大化する」というものでした。そのため、「来場者の滞在時間を延ばすことで、消費の機会を増やす」「岡崎城だけでなく大樹寺なども含めた岡崎市内全域での回遊を図る」ということが経済効果の拡大に寄与すると考えました。

　岡崎城を含む中心市街地エリアは、市内でも飲食店やおしゃれな店が多く、夜でも比較的にぎやかな界隈です。とは言え観光スポットとして岡崎城を訪れる人は圧倒的に日中時間帯に集中しており、夜間に岡崎城を訪れる人はごくまれであるという地方の観光地の典型でした。

　岡崎の玄関口である名古屋鉄道（名鉄）東岡崎駅は名古屋駅から特急で30分ほどと近く、名古屋の観光とセットで岡崎まで足を延ばす観光客がいるものの、夜には名古屋に戻ってしまうという課題があります。そこで、昼に岡崎城を訪れた観光客

に、プロジェクションマッピングを見るために夜まで岡崎にとどまってもらうことで、滞在時間を延ばし、消費拡大につなげることを目指しました。

　観光客が夜までとどまることで、例えば観光後にプロジェクションマッピングが始まるまでの時間を地域の飲食店で過ごしたり、周辺の店舗で土産物などの買い物をしたりする機会が生まれます。また、夜の長距離移動を避けてプロジェクションマッピング会場の近くで宿泊しようという動機も生まれます。これにより、観光客1人あたりの消費金額を増やし、地域経済の活性化につなげようという狙いです。

岡崎城天守閣のプロジェクションマッピング

　また、岡崎城跡やその周辺にある観光施設、町並みや店舗を時間の余裕を持ってゆっくり訪れることで、岡崎という町、地域や人の魅力を体感し、「また来たい」と思ってもらうことも狙いです。

　昼と夜の時間差によって滞在時間を延ばすとともに小さな店舗も含めてゆっくり岡崎を探索する機会を創出し、岡崎の知られざる魅力を発見してほしいと考えました。

> ▶ 徳川家康ゆかりの甲冑（かっちゅう）や三河花火で
>   岡崎ならではの演出を

　岡崎市でのプロジェクションマッピングのコンテンツ制作にあたっては、徳川家康に関連するシンボルやモチーフをたくさん使っています。大河ドラマの効果で全国的に注目が集まる中、岡崎だからこそという演出を取り入れることが来訪動機につながるからです。

　例えば、若き徳川家康が着用したと言われる甲冑、金茶美具足（きんだみぐそく）を映像に取り入れました。大河ドラマでも徳川家康のシンボルとして描かれ、松本潤さんが着用して数々の場面を演じたことで甲冑そのものの知名度も高まりました。そのためプロジェクションマッピングでも象徴的な場面に使用しています。

　岡崎城天守閣や大手門に投影したプロジェクションマッピン

グの映像コンテンツには光り輝く金茶美具足のほか、徳川家康ゆかりの書状をモチーフにした場面も盛り込むなど、大河ドラマの視聴者がハッとするような演出を意識しています。また、岡崎城で徳川家康が誕生した際に金の龍が現れ天に昇っていったという「昇龍伝説」にちなみ、3DCGの金の龍が登場する場面も盛り込みました。

　岡崎城天守閣のすぐ隣には徳川家康が御祭神として祭られて

金茶美具足を映したプロジェクションマッピング

龍のシーンのプロジェクションマッピング

浮世絵や文化財を生かしたプロジェクションマッピング

いる龍城神社があり、龍は徳川家康のシンボルとも言えます。

このほか、東海道五十三次の岡崎宿が描かれた歌川広重の浮世絵をもとにしたデジタルアニメーションや、江戸時代に歌舞伎で演じられ人気を博した「三大化け猫伝説」（岡崎・鍋島・有馬）にちなみ、岡崎市が所有する化け猫の浮世絵も盛り込んでいます。

また、大樹寺が所蔵する重要文化財の襖絵「大樹寺大方丈障壁画」のデジタルデータをもとにしたアニメーションも制作し、岡崎市の貴重な文化財アーカイブをプロジェクションマッピングのコンテンツの一部として活用するという文脈も持たせました。

> ▷ 活用されていない地域の文化観光資源を掘り起こし、
> 魅力をより身近に

このように私たちがコンテンツの中で地域の歴史や文化をもとにした場面、地方自治体が所有する文化財などをモチーフにするのには、地方創生のためのシビックプライドの醸成に向けて、その地域の魅力を再発見してほしいという意図があります。

教科書で学ぶ歴史とは異なる地域の歴史やファンタジー性のある地域独自の伝承は、資料館や図書館以外では地域の人でも触れる機会が少なく、地方自治体が所有する貴重な文化財もまた、地域の多くの人の目に触れることはあまりありません。こ

れら地域の知られざる文化観光資源を掘り起こし、プロジェクションマッピングの投影コンテンツの一部として活用することで、言葉による説明ではなく「映える」光景という形で多くの人に地域ならではの魅力をアピールすることができます。

またプロジェクションマッピングのコンテンツは、10〜30秒程度の短い場面を積み上げて全体として5〜10分程度のコンテンツとして構成することで、飽きさせず、難しさを感じさせずにあくまでエンターテインメントとして楽しんでもらうことが重要です。地域ならではの魅力を織り交ぜメディアで取り上げられる際のキーワードとしつつも、コンテンツ全体としては「きれいだった」「楽しかった」「感動した」という印象が残るよう、あくまでコンテンツのクオリティーを重視するのが肝要です。

> ▶ コロナ禍に実施した、
>   中心市街地の魅力向上を視野に入れたプロジェクト

岡崎市でのプロジェクションマッピングは今では岡崎城天守閣や大手門を活用したイベントがすっかり定着しましたが、もともとは岡崎市の若手職員が中心市街地の魅力向上などに向けて手探りでさまざまな取り組みを行っていたところから始まりました。

岡崎市では、中心部を流れる乙川の豊かな景観を生かしながら中心市街地の活性化を図ろうと「乙川リバーフロント地区整

備計画」を策定、2015年から2020年までの6年間で名鉄東岡崎駅周辺の整備や新しい人道橋（桜城橋）、河川敷の遊歩道や緑道の整備などを行い、民間の力を誘致して地域活性化を目指してきました。

　こうした中、コロナ禍によって岡崎市が誇る全国屈指の花火大会が中止に追い込まれ、「日本さくら名所100選」として知られる岡崎城跡周辺や乙川河川敷での花見も中止になりました。

　一方で、世界的なモータースポーツ大会「FIA世界ラリー選手権（WRC)」の会場の一つとして岡崎市の乙川河川敷が選定されたことをきっかけに、新しく整備した桜城橋の上でラリーカーにプロジェクションマッピングをしてはどうか、という企画が立ち上がりました。

　ラリーカーはトヨタ・GRヤリスです。岡崎市の呼びかけに応じたトヨタ自動車の協力により、GRヤリスの無償貸与と、プロジェクションマッピングに使用する3Dモデル制作に必要な資料の提供を受け、人々が行き交う桜城橋の中央に設置したGRヤリスの形状に合わせた立体的なプロジェクションマッピングが実現し、夜間にもかかわらず多くの人が訪れました。

　この成功をきっかけに、中心市街地の魅力向上やナイトタイムエコノミーに効果があるとして、岡崎市でのプロジェクションマッピングは定着・発展していきました。

▶ コロナ禍でも実施可能なプロジェクションマッピング

　花火大会や花見は中止に追い込まれたのになぜプロジェクションマッピングは実施できたのか。その理由は、密になりにくいイベントだから、という点に尽きます。

　プロジェクションマッピングは一般的に、5〜10分程度の映像コンテンツを1日に何回か投影する形態のイベントです。イベントによって投影の間隔は異なりますが、同じ映像を何度も繰り返し投影することが可能です。つまり、1回あたりの観覧人数を分散させることができるのです。

　屋外のプロジェクションマッピングは密閉された空間ではなく換気に配慮する必要がないことはもちろん、花見のように飲食をしながら密接な会話をすることもありませんし、花火大会のように同一時間帯に来場者が密集することもなく、例えば午後6時から9時までといった一定の開催時間帯に来場者を分散させることができます。より美しい光景を見たい、より「映える」写真や動画を撮りたいという動機が働くため、混雑する時間帯・曜日を避けて観覧しようという人が大勢います。

　加えて、プロジェクションマッピングは花火大会のように花

火玉を消費することもありませんので、一度プロジェクターな
どの機材を設置してしまえば、そのまま数日間から数週間にわ
たって開催することも可能です。一般的には日数が増えるほど
機材費やオペレーションの人件費がかさんでいくため数日間の
イベントが多いですが、一日限りのイベントということはあま
りありません。複数日にわたって行うことで、雨天など天候に
よる中止リスクの回避にもなります。

岡崎城大手門のプロジェクションマッピング

▶ 文化庁「日本博」公式プログラムに採択

　ラリーカーから始まった岡崎市のプロジェクションマッピングはその後岡崎城天守閣、大手門に展開し、岡崎市の冬の風物詩として定着していきました。そしてその集大成として2022年度には文化庁「日本博」の公式プログラムの一つに採択されました。2022年11月〜2023年1月にかけて「岡崎デジタルアートナイトフェスティバル」として空前の規模で開催される運びとなりました。

　「岡崎デジタルアートナイトフェスティバル」は徳川家康生誕の地・岡崎を舞台に開催するメディア芸術の祭典として位置づけられ、岡崎城天守閣や大手門、桜城橋などの「乙川リバーフロント地区」の文化観光資源に、歴史文化を昇華させたプロジェクションマッピングなどを行うイベントです。

　イベントは「桜城橋 with FORUM8 Rally Japan 2022 プロジェクションマッピング」「岡崎城大手門 プロジェクションマッピング 2022」「岡崎城天守閣 プロジェクションマッピング 2023」というそれぞれ3日間のメインプログラムで構成し、9日間合計で5万人を超える来場者があり、2億円以上の経済波及効果をもたらしたと試算されています。

　また、ＳＮＳでのインプレッション数（イベントに関連するＳＮＳ投稿が表示された数）が1億5000万回以上、ＳＮＳ投

稿者の90％以上が34歳以下で、イベント終了後も公式記録動画が10万人以上に視聴されました。

　実際に夜間に多くの来場者があったことで飲食・宿泊といったナイトタイムエコノミーに絶大な効果をもたらしたことはもちろん、ＳＮＳや動画、多くのメディアでのパブリシティーを通じて、徳川家康生誕の地の伝統文化と革新的なデジタルアートが融合した、開かれた文化都市としての岡崎市の魅力向上につながりました。

岡崎城天守閣のプロジェクションマッピング

CASE

1-2

CITY 愛知県岡崎市

伝統芸能と
最先端のデジタル技術の
コラボレーションで
新たなアート空間を生み出す
革新的なライブパフォーマンスに

目的 》》
- 岡崎城二の丸能楽堂というユニークベニューの活用
- 伝統芸能、ライブパフォーマンスに付加価値を与える

THEME
- 最先端の映像技術とライブパフォーマンスの融合で話題作り

効果 》》
- 伝統芸能と最先端のデジタル技術が融合した新たなアート空間の創出
- 伝統芸能に映像でストーリーを付加することで直感的に分かりやすく

ライブパフォーマンスとプロジェクションマッピングの融合

▶ プロジェクションとライブパフォーマンスの融合

　次に挙げる事例は、ホログラムスクリーン（ホログラフィックスクリーン）と呼ばれる半透明の特殊なスクリーンに投影したプロジェクション映像とライブパフォーマンスを融合させた、新しいエンターテインメントショーです。伝統的な能舞台で行うライブパフォーマンスで、演者の手前にホログラムスクリーンを設置し、スクリーンへ映像を投影。さらに演者の背後にある老松が描かれた鏡板にも映像を投影し、映像、演者、映像という3層構造の演出を実現しました。

　凹凸のある立体物に映像をマッピングさせているわけではないため、厳密には「プロジェクションマッピング」ではありま

能楽堂の3Dプロジェクション演武

せん。この手法は「ホログラム」と表現することもありますが、パスポートやクレジットカードで使用されているレーザー光を使用した「ホログラム」とは技術的に異なるため、私たちは「3Dプロジェクション」と呼称しています。

　岡崎城天守閣がある岡崎城跡は岡崎公園として整備されており、岡崎城の二の丸跡地に岡崎城二の丸能楽堂があります。私たちは、この能楽堂でこれまで4回ほど3Dプロジェクションショーを行ってきました。

　過去には名古屋の舞妓・芸妓による日本舞踊のほか、グレート家康公「葵」武将隊という岡崎市の観光PRのために結成されたパフォーマンス集団、能楽師、地歌舞伎の役者などの実演・パフォーマンスと3Dプロジェクションとのコラボレーションを行いました。能楽堂は本来、伝統芸能である能や狂言を演じる劇場ですが、能や狂言になじみのない若い人を集客するのは困難です。そこで、伝統的な能楽堂の施設を活用し、特別感や

地域ならではの演出を体験できる「ユニークベニュー」として
の活用の機会が求められていました。

　ホログラムスクリーンにプロジェクション映像を投影すると
映像ははっきりと見えますが、映像を投影していない部分は透
明に見えるため、奥にいる演者のパフォーマンスと手前のホロ
グラムスクリーンの映像を融合させた新感覚のライブパフォー
マンスが可能になります。得られる効果は、主に以下の3つに
なります。

- ライブパフォーマンスの世界観の拡張
- ライブパフォーマンスのストーリーの理解促進
- 伝統芸能を飽きさせずに見せ、より親しみやすくする

　ライブパフォーマンスの世界観の拡張という点では、「葵」
武将隊による3Dプロジェクション演武が大成功を収めました。

　普段は紙製甲冑を着てサービス精神旺盛な親しみやすいライ
ブパフォーマンスを行っている「葵」武将隊ですが、3Dプロジェ
クション演武では、これまでのライブパフォーマンスとは全く
異なる音楽をもとに「葵」武将隊自身がアクションの振り付け
を考え、そのアクションに合わせてプロジェクション映像を制
作するという手法で作り上げていきました。

　例えば「葵」武将隊の刀の太刀筋を表す光や刀と刀がぶつか
る火花、疾走感のある映像などの演出をしました。また、「葵」

武将隊の出陣を表現する旗、徳川家康役の決意の場面で金の龍を重ねるなど、3Dプロジェクションならではのライブパフォーマンスと合わせた演出を多く盛り込んでいます。このように3Dプロジェクションの利点としては、ライブパフォーマンスのストーリーの理解促進につながる点も挙げられます。

近年、舞台芸術やコンサートなどでプロジェクションマッピングを含む映像技術や照明技術が進歩し、派手な演出が増えています。一方で、それらの機材にかかる費用も増加し、鑑賞料金も上がっています。

大都市で開催される動員力のある大きな会場でのイベントでなければ高額な機材を使うことはできませんが、3Dプロジェクションであれば比較的小さな会場でもそれほど費用をかけずに実現でき、ライブパフォーマンスと来場者との距離が近いほど迫力が出るため、能楽堂などの小さな舞台で行うライブパフォーマンスに導入しやすいというメリットがあります。

「葵」武将隊と3Dプロジェクションとのコラボレーションでは、まさにこのメリットが発揮され、最大100人程度の来場者に対してこれまで見たことのないような迫力あるライブパフォーマンスが展開され、「葵」武将隊のファンが涙を流して感動するといった場面が見られました。

グレート家康公「葵」武将隊とのコラボレーション

▶ 伝統芸能を飽きさせずに見せ、より親しみやすくする

　また、日本舞踊や能、地歌舞伎といった伝統芸能と3Dプロジェクションのコラボレーションでは、伝統芸能になじみのない若い人、特に子どもでも飽きずに集中して楽しめる新しいエンターテインメントショーとして、絶大な効果が得られました。

　音楽や踊り、舞は伝統芸能本来のものを踏襲しながら、一方で現代人のコンテンツ消費スピードの速さに合わせて時間を短縮してもらい、日本舞踊や能、地歌舞伎のストーリーに合わせた映像を制作し踊りや舞に重ねました。それによって、歌や台詞の意味が分からなくても何を表現している場面なのかが雰囲気で理解できるようになり、伝統芸能の課題解決にもつながりました。

　若い人、特に子どもにとって能や歌舞伎などの伝統芸能はハードルが高くとっつきにくいというイメージがありますが、3Dプロジェクションによって本来伝統芸能が持つ美しさや神秘的な世界観を拡張し、親しみやすいものに変えることができるのです。

　例えば、伝統芸能に火や水、龍といった表現が登場すればその表現をプロジェクション映像で投影することで、どんな場面なのか直感的に理解してもらえます。

　それだけでなく、能楽師が着ている装束の模様をモチーフにした映像を投影したり、神事や祈りをダイナミックな映像で表

現したりすることでエンターテインメントとしてのおもしろさを付加し、言葉の壁を越えて外国人にも楽しんでもらえる新しいショーとして成立させることができます。

　本来であれば伝統芸能の持つ魅力そのものを多くの人に理解してもらえることが理想ですが、テレビやインターネット、ＳＮＳを通じて膨大なコンテンツにアクセスできる現代社会はコンテンツの消費スピードが加速度的に速くなっており、伝統芸能のゆったりとした展開は多くの若い人には飽きられてしまうのも事実です。

　こうした中で、伝統芸能の形をなるべく変えずに、デジタル技術によって現代に合わせたエンターテインメント性を持たせられる3Dプロジェクションは、まだまだ発展の可能性を秘めていると言えます。

プロジェクションマッピングが地域活性化につながる理由

　プロジェクションマッピングが地域活性化につながる理由としては、主に次の3つが挙げられます。

POINT
- 言葉の壁を越え、外国人でも直感的に感動できる
- 経済波及効果、特にナイトタイムエコノミーに効果がある
- 「映える」ためＳＮＳで拡散されやすく、多くの人に認知が広がる

▶ ナレーションはあえて入れない

　私たちが制作するプロジェクションマッピングでは、基本的に言葉でストーリーを説明するようなナレーションは使いません。言葉を使わず、音楽と投影する映像のみでコンテンツを成立させています。ナレーションを入れた方がストーリーが分かりやすいのではという意見もありますが、訪日外国人旅行者、インバウンドを意識して、あえてナレーションを入れずに直感的に感動できるノンバーバル（非言語）という構成にしています。

　近年、地方自治体では地域活性化と併せてインバウンドの獲得が求められるケースが多くなっています。海外からの訪日外国人旅行者は、１人あたりの観光消費額が国内の旅行者の観光消費額よりも大きいのが特徴です。そのため地域の魅力を外国人に届くように発信することで訪日外国人旅行者が呼び込めれば、より多くの経済効果が得られるのです。

　日本を訪れる外国人旅行者が増えたのは2000年代に入ってからです。それまでは、日本が物理的に遠いことや円高傾向にあったことに加え、外国人旅行者が日本語を理解できず多くの日本人も英語を話せないことがネックで、訪日外国人旅行者が増えなかったと言われています。実際、今でも多くの地方の観光地はインバウンド対応が遅れており、多言語化が少しずつ進んでいる途上です。

　こうした中、ナレーションが入らずに音楽と映像だけで構成するプロジェクションマッピングであれば、日本語が分からない外国人にも直感的に感動してもらうことができます。岡崎城天守閣や大手門でのプロジェクションマッピングのように、日本の伝統を感じられる建物に甲冑や家紋など日本文化のモチーフを投影することで、それがこの地域の象徴的なものであることや、その美しさなどが伝わります。もしもここに日本語のナレーションが入っていると、日本語が分からない外国人にとっては「ショーの意味が分からなかった」と受け止められてしまいます。映像に驚きを感じたとしても、内容的に分からない部分があったと感じ、感動しきれず残念な気持ちを抱いてしまう

プロジェクションマッピングを見る来場者

のです。しかしナレーションがなければ、モチーフの意味が理解できないとしても光のアートとして受け止めてもらうことができます。これは外国人に限ったことではなく、難しい言葉が分からない小さな子どもや言葉の理解に時間がかかるお年寄りまで共通して言えることです。

　私たちはプロジェクションマッピングは文化芸術基本法に規定されるメディア芸術の一種、つまりアートと位置づけています。ノンバーバルだからこそ、言語を超えたアートとして外国人にその価値を感じてもらうことができるのです。

▶ 求められているのは日本らしさ

　プロジェクションマッピングやライトアップなどの夜間に行われる光のイベントは、訪日外国人旅行者にも人気です。

　城や寺など、日本の歴史や文化伝統を感じられる場所でのプロジェクションマッピングやライトアップは、訪日外国人旅行者にとって自分の国では見ることができない日本ならではの光景として強く印象に残り、ＳＮＳでシェアされやすいのが特長です。また、訪日外国人旅行者にとって日本はアニメやマンガ、ゲームに代表されるコンテンツ大国であり、私たちのプロジェクションマッピングのコンテンツも日本が培ったアニメやゲームの制作力を生かしたメディア芸術作品という側面があります。

　また、2012年のロンドンオリンピック以降、オリンピック

の開会式・閉会式のプロジェクションマッピングには日本のプロジェクターが使用されているように、ハードウェアにおいても日本の技術力は世界トップにあり、日本のコンテンツ制作力やプロジェクターの技術力を生かしたプロジェクションマッピングは日本が世界に誇るテクノロジーの集大成であるとも言えます。そのテクノロジーに日本ならではの歴史や文化、伝統を感じられる建築物やコンテンツのモチーフを組み合わせることで、世界から訪日外国人旅行者を呼び込める、魅力あふれるイベントになるのです。

　プロジェクションマッピングがインバウンドに強いことは、私たちのYouTubeチャンネルの動画視聴データのアナリティクス分析からもうかがえます。私たちはプロジェクションマッピングの全編を複数のカメラアングルで撮影し、見やすく編集した記録映像をYouTubeで公開していますが、その視聴者の8割以上は日本以外からアクセスしています。
　さらに詳しく分析をすると、外国人のチャンネル登録者数や高評価数も日本人より多く、ノンバーバルにこだわることで結果として外国人のファン層の獲得につながることが明らかになっています。
　特に、城など日本の伝統的な建築物でのプロジェクションマッピングが高い評価を得られる傾向にあり、こうしたことからも外国人から求められているのはやはり日本らしさ、日本だから

こそ実現可能な付加価値の高いプロジェクションマッピングなのだと総括することができます。

Q. 海外旅行全般に対するあなたの考えをお聞きします。
海外旅行をする際に体験したいこととして、以下はどれくらい
当てはまりますか。

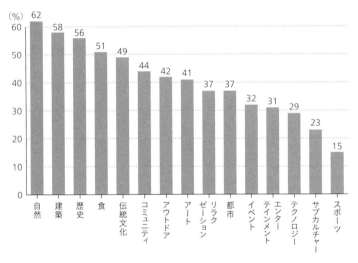

海外旅行で体験したいこと（出典情報：国土交通省観光庁観光地域振興部観光資源課「体験型観光コンテンツ市場の概観」世界のコト消費と海外旅行者の意識・実態の調査結果 2019年3月）

▶ 期待される地域活性化

情報発信という面から考えると、プロジェクションマッピングがSNSで注目を集めることで、地元の人だけでなく近隣市町村や大都市圏など地域の外から訪れる人が増えます。そうし

た人の中にはインフルエンサーと呼ばれるＳＮＳで影響力を持つ人も含まれていることがあり、インフルエンサーがＳＮＳに投稿することで、人が人を呼ぶ好循環を生み出すことができます。

また、プロジェクションマッピングはナイトタイムエコノミーの振興に効果的で、特に地域の外から呼び込んだ人が飲食や宿泊によって観光消費額を押し上げ、地域活性化に大きく貢献することになります。

▶ 地域経済に与える影響

プロジェクションマッピングの来場者を、地元からだけでなくどうやって地域の外から呼び込むかという戦略は地域経済にも影響します。

私たちのプロモーション結果の分析では、必ずしも距離が近い人の方が呼び込みやすいということではなく、会場の近くに鉄道の駅があればその鉄道沿線の駅周辺、急行や特急などを使った場合の移動時間や利便性、大都市圏にいる旅行にアクティブな層の方が呼び込みやすいなど、さまざまな要素が絡み合っています。

地元になじみのない来場者を遠くから呼び込んだ方が、結果として地元での飲食や宿泊につながりやすいと言え、地域経済への影響を最大化できるようプロモーションを行うことが重要

です。

こうしたプロモーションは実際に宿泊者数がどれくらい増えたかなどを把握することが困難な場合もあり、目に見える形で成果が得られるとは限りませんが、一方で戦略的に取り組むことで、確実に地域経済によい影響を与えることができます。

地道な取り組みが地元の店舗や宿泊施設の利益向上につながり、イベントによる集客を狙って飲食店や宿泊施設のキャンペーンやキッチンカーなどの出店が増えることで、イベント全体が盛り上がりさらに人を呼び込み滞在時間も増え、地域経済が好転していくきっかけとなります。

▶ 地元の若者に与える影響

地元に魅力を感じないという若者が多くいる中で、どうすれば地元に誇りを持ってもらうことができるか悩んでいる地方自治体は少なくありません。地域で受け継がれる伝統的な祭りはあれども、そうした伝統に興味を持てない地元の若者に対して、プロジェクションマッピングは誇りを取り戻してもらうきっかけになる可能性があります。

若者が見向きもしなかった地元の文化観光資源が、プロジェクションマッピングによって訪日外国人旅行者を含め多くの地域外からの来場者を集める人気スポットに生まれ変わることで、若者が地元を見る目が変わります。

　また、コンテンツの中にもこれまで知らなかった地元にまつわる歴史や文化伝統のモチーフがあり、そうしたものが多くの来場者を感動させている場面を地元の若者が見ることで、誇りを取り戻し、シビックプライドを醸成する大きなチャンスになります。

　実際に、私たちのプロジェクションマッピングでは地元民と思われる若者の投稿が多くあり、「やるじゃん○○市」「見慣れた場所にたくさんの人がいて驚いた」といったポジティブな意見がたくさんあります。

　プロジェクションマッピングを契機に、地元の魅力やポテンシャルに気づけば、自分にもできることがあるのではないか、もっと地域を元気にしようという若者のムーブメントにつながります。それこそが、プロジェクションマッピングが生み出す大きな力と言えます。

▶ コロナ禍で変化した、イベントに求められるもの

　新型コロナウイルス感染症が世界中に広がったのは、2020年のことでした。この感染症では3密、すなわち密閉、密集、密接が感染を広げる要因とされ、人が集まるイベントの多くが中止に追い込まれました。

　2023年に新型コロナウイルス感染症は2類感染症から5類感染症へと移行し、人が集まるイベントに対する規制も以前ほど

は厳しくなくなっています。とは言え、その後もなお新たな感染症流行の懸念はあり、イベントにおける基本的な感染症対策は必然的にスタンダードとなっています。

こうした感染症対策を念頭に置いた場合、プロジェクションマッピングはほかの種類のイベントと比べて感染症拡大のリスクが低いイベントだと言えます。その理由は、3密になりにくいからです。

屋外のプロジェクションマッピングは換気に配慮する必要がなく、5〜10分程度の映像コンテンツを繰り返し投影することで1回あたりの観覧人数を抑制し、人流を時間的・空間的に分散させることができます。

私たちのプロジェクションマッピングでは、こうした点に加えて「声を出さずに観覧・鑑賞できる」という点にも配慮しています。運営上、不必要にスタッフとのコミュニケーションを取らなくてよいよう、映像コンテンツを繰り返し投影するにあたって、「次の投影まであと何分何秒」というカウントダウンを表示しています。そうすることで、スタッフの案内や会場アナウンスがなくても来場者が次の投影時間を理解することができます。

また、プロジェクションマッピングは最前列でなければ見えない、というものではなく少し離れた場所も含めさまざまな角度から観覧・鑑賞することができるため、会場内でも1か所に

密集しないよう配慮しています。

　会場の最前列には誘導灯をさりげなく置くことで、スタッフが特別な注意をすることなく自然に前列を作り、接触機会を最小限にしてスムーズに人が流れるような動線設計を行っています。

　これらに加えて、「映える」写真・動画を撮りたいという動機からも人流の分散が図れるほか、どの時間帯に見ても同じコンテンツが見られるため混雑時間帯を避けようという人も一定数います。

　感染症対策として工夫を重ねてきたこうした運営方法ですが、狭い会場でプロジェクションマッピングを行う場合でも、人流を時間的に分散することで限られた空間に観覧・鑑賞人数を積み上げることができます。そのため、結果として1回あたりの観覧・鑑賞人数がそれほど多くなくても回数を重ねることで合計観覧・鑑賞人数は多くなり、集客の面でも有効です。

　また、短時間に一気に来場者が来るよりも、一定の時間に分散して来場者が来る方が行列が回避でき購入機会や選択肢が増えるため、経済効果は高くなるというメリットもあります。

　コロナ禍前に時代が逆戻りすることはなく、依然として感染症対策を念頭に置く必要がある中、こうした分散観覧・鑑賞スタイルのイベントは今後スタンダードになっていくと思われます。

CASE

2

CITY 愛知県西尾市

「知られざる城」に
約8000人以上が集まり
SNSでの称賛が
誇りと愛着を生む

目的 》》
- 新たな夜間景観の創出
- 魅力的な観光コンテンツの開発
- シビックプライドの醸成
- 地域外における知名度向上

THEME
- 地域の魅力再発見とシビックプライドの醸成

効果 》》
- 2日間で8000人以上の来場者
- イベントの様子がSNS上で話題に

DATA 愛知県西尾市の概要

人口 17万228人
(2023年4月1日現在)

世帯数 6万7391世帯
(2023年4月1日現在)

面積 161.22 km²

名産品・特産物
一色産うなぎ
抹茶・お茶

観光名所
佐久島

　西尾市は愛知県の南部に位置し、三河湾に面する。矢作川の河口を有し豊富な水産資源に恵まれるほか、抹茶の産地としても全国有数の生産量を誇るなど、農水産業が盛ん。主なアクセスとしては名鉄の駅があり、名古屋駅、岡崎駅いずれからも1時間程度。人口は県内第9位。

　鎌倉時代に足利義氏によって築かれた「西尾城」をはじめ史跡・神社仏閣などが点在する。多彩な伝統工芸のほか、天下の奇祭とされる「鳥羽の火祭り」など多くの祭りが有名で、「三河の小京都」とも呼ばれている。

左：佐久島 写真提供：Aichi Now
右上：一色産うなぎ　右下：石臼挽き抹茶
写真提供：一般社団法人西尾市観光協会

▶ 地域のシンボルを主役に新たな夜間景観を創出

　2023年の2月に西尾市で初となる「西尾城 冬絵巻2023 プロジェクションマッピング」が開催されました。岡崎城とは少し異なり、地元の人以外には知られざる城でしたが、プロジェクションマッピングを行った結果、大きな変化がありました。

　愛知県西尾市は岡崎市の南側に位置し、三河湾に面した市です。足利義氏が築城したとされる西尾城のほか、忠臣蔵の赤穂浪士により仇討ちされた吉良上野介義央の菩提寺など歴史的なスポットも含め、「日本の水浴場88選」に選ばれたビーチや自然豊かな離島といった観光スポットがいくつかあります。また宇治市（京都府）に次ぐ抹茶の生産地としても知られています。2023年に市制70周年を迎えることから、西尾市はそれを記念するイベントを企画しており、近隣の岡崎市でプロジェクションマッピングを行っていたことから私たちに声がかかりました。

　どんな企画でも、私たちはまず先方の要望を丁寧に聞き取りすることから始めます。何のためにどんなイベントをしたいかだけでなく、イベントの結果何を実現したいかが特に大切なポイントになります。西尾市のケースでは、シビックプライドの醸成が大きなキーワードとして浮かび上がってきました。西尾市にはすばらしいスポットや名物がいくつもあるにもかかわらず全国的には認知度が高くなく、地域の魅力はあるものの、それをどう発信するかが課題でした。

▶ 会場探しで分かった魅力発信の課題

　それを象徴するエピソードが、イベントの会場探しの際にありました。西尾市のイベントは市制70周年に向けたものであったこともあり、最初に候補地として挙がってきたのが市役所の庁舎だったのです。市制を象徴するものとして庁舎を使おうという発想は一見妥当なようですが、庁舎は技術的な課題、集客の課題の両面から難しいと判断せざるをえませんでした。その後、ほかの候補地として西尾城の名前が挙がってきました。つまり西尾城が地域の魅力としてアピールできるものでありプロジェクションマッピングの会場として使えるものだとは、当初はあまり考えられていなかったということです。

　ちなみに庁舎でのプロジェクションマッピングが難しい技術的な理由は、建物が大きすぎることもありますが、建物の中のすべての電気を消すのが難しいからです。プロジェクションマッピングはプロジェクターの光を対象物に当てることで映像を投影します。そのため、対象物が光っている部分はプロジェクターの映像が映りません。

　城の場合、閉館時間以降に建物の中を使用する人は基本的にいません。一方で市役所は、窓口業務は夕方には終了していても、遅くまで庁舎で業務を行っている人も少なくありません。災害など緊急の対応が入る場合もあるため「この日は何時までに庁舎を退出してください」と一律で求めるのが困難です。建

物の電気をすべて消すことができないため、部分的に映像が映らず、演出効果を大きく損ねてしまいます。

　また市庁舎は城に比べて窓が多く、透明な窓はプロジェクターの光を透過してしまうため映像がほとんど映りません。カーテンやブラインドを閉めることで映像を投影することは可能ですが、吹き抜け部分など大きな窓はカーテンやブラインドがありません。限られた予算の中ですべての窓を塞ぐことも現実的ではなく、庁舎は平面が多く一見映像が投影しやすそうな建物ですが技術的な課題は多いのが現実です。

▶ 建築物の魅力も集客力につながっている

　さらに市役所には、集客面での難しさもあります。確かにプロジェクションマッピングは高い集客力を持つイベントですが、その集客力はコンテンツとしての魅力と、投影対象になる建物やロケーションの魅力の両輪から成り立っているのです。市役所は市内に住む人ならばなじみや愛着のある場所ですが、市外の人はめったに訪れない場所です。わざわざ足を運んでみたくなるような魅力がなければ、特に市外の人にとっては「行ってみよう」という気持ちにはなりにくいのです。

　もちろん市庁舎自体が、芸術的価値や歴史的価値の高い建物であるケースもあります。愛知県内で言えば、名古屋市役所本庁舎は1933年に竣工した歴史ある建物で、中央の塔は名古屋城を思わせる屋根に四方にらみの鯱が載った特徴的な外観を

しています。西洋的な建築様式に日本的な要素を取り入れた昭和初期の建築として国の重要文化財にも指定されており観光スポットとして一定の認知度があります。

そのような場所であれば、プロジェクションマッピングを行えば多くの集客が見込めます。しかし一般的な庁舎は、外観としてはいわゆるビルであるケースが多く、日本の文化や伝統を感じられる建物としてのおもしろさや魅力はありません。市役所でプロジェクションマッピングをやっても、愛着のある市内の人ならば来てくれる可能性は高いと思いますが、市外からの集客は望めません。

プロジェクションマッピングをスマートフォンで撮影

　一方で、城であれば建物としての魅力が確実にあります。城が持つ日本の伝統や文化を感じられるという魅力は、ビルでは到底かないません。それにもかかわらず、地元の人がその魅力に気づけていない場合が多くあります。

　西尾城が集客を見込める場所だと認識されていなかった理由は、観光スポットというよりは市民の憩いの公園として親しまれていたからということともあったと思います。岡崎城は徳川家康ゆかりの城や花見、花火の名所として多くの観光客が市外から訪れる場所でしたから、市としても宣伝に力を入れ、城とし

投影前の西尾城

ての魅力を繰り返しさまざまな角度からアピールしていました。しかし西尾城はあくまでも市民の憩いの公園でしたから、観光スポットとしての宣伝に力を入れる必要がなく、特に市外に向けてのアピールはあまり行われていない状況でした。市内の人が遊びに来ることはあっても、市外の人はめったに来ない、そういった一種の「穴場スポット」になっていたのです。であればこそ、西尾城を大々的にアピールしようということで、西尾城でのプロジェクションマッピングが決まりました。

プロジェクションマッピングが投影された西尾城

▶ 夜城を彩った花々と豪華絢爛な絵巻

　西尾城のプロジェクションマッピングでは、城のシンボルである本丸丑寅櫓と鎧石門に投影を行いました。また、本丸丑寅櫓の横にある旧近衛邸の庭園や、プロジェクションマッピング会場に至る動線上でも光の演出を行いました。本丸丑寅櫓へのプロジェクションマッピングでは、西尾市のシンボルフラワーであるバラの花や、かつての西尾城の別名「鶴城」から連想する鶴などのデジタルアニメーションを投影しました。さらに本丸丑寅櫓は水が張られた堀に囲まれていたため、プロジェクションマッピング映像や照明が水面に反射することでよりダイナミックな演出効果が得られました。会場内の観覧エリアが狭く待機列ができることが予想されたため、待機列も飽きさせないよう光の演出を随所に行いました。

▶ 予想をはるかに超えた SNSでの反響

　いざ始まってみると、西尾城でのプロジェクションマッピングの来場者数は私たちの予想を大きく超え、2日間で8000人以上が来場しました。

　そして、プロジェクションマッピングをきっかけにInstagramで大きな変化が起こります。Instagramに投稿された西尾城の写真や映像などの検索結果の上位表示がほぼすべて、プロジェクションマッピングのものに置き換わったのです。これは私た

ちにとっても驚きの変化でした。

　Instagramでプロジェクションマッピング関連の投稿が上位になることは、集客力や話題の面で大きな効果を発揮します。なぜならInstagramは現在、写真や映像をシェアするだけでなく検索エンジンとしての機能を持っているからです。

　Instagramで観光スポットなどのキーワードを入力すると、ユーザーが投稿した写真や映像が表示されます。例えば飲食店の名前を入力すると、そこを訪れた人が撮影した、提供されているメニューやそれを楽しむ人、店内の雰囲気などの写真や映像の投稿を見ることができます。投稿されている写真や映像には、飲食店が宣伝のために投稿したものもありますが、それ以上に、

西尾城本丸丑寅櫓のプロジェクションマッピング

そこを訪れたユーザーの投稿の方が影響力があるため、飲食店で実際に提供されるメニューや混雑状況などの写真や映像、さらに投稿内容からユーザーのリアルな感想が分かります。

　同時にInstagramではユーザーの投稿に寄せられた高評価や注目度、つまり「いいね」の数や投稿の表示回数が多いほど検索で優位に表示されます。例えば、観光地のエリア名を検索した場合には、そのエリアで人気の高い観光スポットやお店などが上位に表示され、「行ってみよう」という動機になります。

　そのため近年Instagramは、特に若い世代を中心に、GoogleやYahoo!といったいわゆる「検索エンジン」のような使われ方をされているというわけです。

　そういった流れを受けて、若い世代を特に集めたい飲食店や美容室などでは、Instagramへの投稿を推奨したり、「映える」写真が撮れるフォトスポットを用意したりするなど、Instagram対策を行っているお店も少なくありません。

　前述のように、西尾城でのプロジェクションマッピングの直後、Instagramで「西尾城」と検索した際の結果が、ほぼすべてプロジェクションマッピングの写真や映像になりました。つまり投稿されたプロジェクションマッピングの写真や映像が、高い評価やユーザーの注目を獲得したのです。西尾城に関してはこれまでも、季節ごとの美しい景色や、抹茶やお菓子を楽しむ写真、地域のイベントの写真も投稿されていたのですが、ここま

で人気が出た投稿は過去にありませんでした。プロジェクショ
ンマッピングの実施により、Instagram 上での西尾城のイメー
ジが一気に変わったのです。これは自治体がみずから発信した
ものではなく、外からの客観的な評価であるというのがポイン
トです。

　また Instagram をはじめとするＳＮＳ上で話題になると、さ
らなるチャンスが舞い込むことがあります。それはＳＮＳ上で
多くのフォロワー（ファン）を持ち、強い影響力のある、いわ
ゆる「インフルエンサー」が興味を持ってくれることです。イ
ンフルエンサーにとって話題のイベントや「映える」イベント
を紹介することは、自身がより評価されるために必要な戦略で

西尾城鍮石門のプロジェクションマッピング

す。そのためイベントがある程度人気になると、話題性を求めてインフルエンサーの方からやって来てくれるのです。

　実際に西尾城の事例でも、西尾市を中心に美しい写真を投稿することで知られるインフルエンサーが西尾城のプロジェクションマッピングの写真を投稿してくれたり、来場を呼びかけてくれたりしました。インフルエンサーには多くのファンがいるため、紹介してもらえれば高い宣伝効果をもたらします。またインフルエンサーが来てくれたという事実そのものが、一つの評価であり地元の人の自信や誇りにつながります。

　地域に古くからあって親しまれてきたものがSNSなどで多くの人から称賛される現象は、地元に住む人の誇りを取り戻し、シビックプライドの醸成に役立ちます。西尾城はまさにこの典型的な事例と言えます。実際に、「やるじゃん、西尾」「西尾にこんな立派なお城があるとは知らなかった」など、地元を再評価するような投稿が多数見られました。

▶ 地元のお店を知るきっかけに

　西尾城でのプロジェクションマッピングでもう一つ特徴的だったのは、プロジェクションマッピングと連動して公園の敷地内で「おしろマルシェ」を同時開催したことです。マルシェとはフランス語で市場を意味するもので、日本では、地元のお店や個人作家、さらにキッチンカーなどが集い、露店を出すイベン

トを指します。

マルシェはどちらかと言うと昼間に開催されることが多いのですが、今回、西尾市は城でのプロジェクションマッピングの実施に合わせる形で、あえて夜間にマルシェが開催されることになりました。

プロジェクションマッピングの来場者がその足でマルシェに向かうように動線を設計することで、地元のお店を知るきっかけを作るとともに、経済効果を創出しようという狙いです。マルシェに集まったさまざまな露店やキッチンカーで来場者が買い物をすることで、出店している地元のカフェや個人作家とコミュニケーションが取れ、店舗への来店動機を作ることにつながります。

プロジェクションマッピングと同時開催された「おしろマルシェ」

　2019年に始まった新型コロナウイルス感染症の流行により
さまざまな行動が制限され、新しいお店を知る機会も減ってい
ました。また近年はスーパーマーケットやチェーンの飲食店、
大型商業施設が人気を集めていることも、地元の店舗を訪れる
機会を減らしています。

　しかしイベントのついでに露店で買い物をすることで地元の
魅力的なお店を知るきっかけができれば、地元に愛着が湧きま
すし、地域経済の活性化にもつながります。

　また、プロジェクションマッピングの会場内の旧邸宅では西
尾の名産品である抹茶もふるまわれました。西尾城では通常時
も旧邸宅で抹茶が飲めるのですが、昼間のみで夜間は閉まって
しまいます。しかしプロジェクションマッピングに合わせて特
別に旧邸宅も開館し、来場者に対して全国有数の生産量を誇る
西尾の抹茶をアピールする場が出来ました。こうした取り組み
も、市外からの来場者に対して地元の自慢の抹茶で喜んでもら
うことでシビックプライドの醸成につながります。

▶「知られざる城」から自慢の城へ

　シビックプライドの醸成は短期間でできるものではありません。
長期的な視点を持ち、さまざまな施策を行っていくことが重要
です。そしてその第一歩は、地元に興味を持ってもらい、今ま
で意識していなかった地元の魅力に気づいてもらうことです。

　西尾城のプロジェクションマッピングでは、Instagramの検

業務概要／業務内容（完了予定日）	
契約	業務委託契約締結（12月中旬）
事業計画	会場下見（12月下旬） 運営マニュアル作成（12月〜1月中）
コンテンツ企画制作	プロジェクションマッピング投影面計測・3Dモデル制作（1月中旬） モチーフ素材提供・購入、著作権処理（12月） モチーフ素材モーショングラフィックス・ＣＧ制作（1月） プロジェクションマッピングコンテンツ制作・試写・修正（1月中旬〜2月上旬）
機材設計・システム設計	投影シミュレーション制作（2月上旬） 投影機材設計（1月） 投影機材（プロジェクター　レンズ等）手配（1月）
広報・広告	メインビジュアル・ロゴ制作（1月上旬） プレスリリース制作・配信（1月下旬） ウェブサイト・ＳＮＳ掲載（1月下旬） ポスター制作・印刷・送付（2月） Instagram/Facebook広告配信（2月上旬）
設営・本番・撤収	ライトアップ設営（2/2〜2/3および3/20） イントレ・テント・電源設営、プロジェクター・システム設営、映像調整（2/9〜2/10） プロジェクションマッピング映像最終調整、リハーサル（2/10） ライトアップ①本番（2/4〜2/12）、プロジェクションマッピング本番（2/11〜2/12） ライトアップ②本番（3/21〜3/31）　※撤収は各最終日
事業実施結果報告	記録写真（ＪＰＥＧ、ＲＡＷデータ）の共有（3月中） 記録映像編集・YouTube配信（3月下旬） 記録映像公開プレスリリース制作・配信（3月下旬） ＡＩによるＳＮＳ波及効果分析・レポート共有（2月下旬） 記録映像アナリティクスデータ共有（3月下旬以降随時）

西尾城のプロジェクションマッピングとライトアップの業務実施スケジュール

索結果の劇的な変化や、マルシェを通じて地元のお店のよさを知ってもらう取り組み、西尾の名産品である抹茶のアピール、何より西尾市のシンボルとしての西尾城の活用により西尾市を再評価するきっかけを作ることができました。

「知られざる城」から、多くの人が集まる地元の自慢の城に変化したことで、シビックプライド醸成のための第一歩がスタートできたのです。

成功のために必要な4つの下準備

　プロジェクションマッピングを成功させるためにはさまざまな準備が必要です。特に欠かせない重要なポイントは次の4つです。

POINT

❶最適な会場、投影面選定

❷安全確保のための運営マニュアル

❸成功に導く広報戦略

❹投影システム設計と3Dモデル制作

▶ 会場選定の基本条件

　会場選定において最初に考えなければならないのは、投影対象を何にするかということです。映像が投影できる、ある程度の大きさの建物や壁があることが第一条件です。プロジェクションマッピングは、ある程度離れた場所から、ある程度の人数が一斉に観覧・鑑賞するのが一般的です。そのため、まずは投影面としてそれなりの面積が必要ですし、建物や壁の材質、質感、色を確認しなければなりません。ガラス張りの場合は光を透過してしまいますし、細い線を組み合わせたような建物は映像があまり映りません。木や石、コンクリートで一定の面積がある対象物が投影面としては理想的です。

▶ 影響を受ける対象物の例と注意点

　さらに周囲の環境ができるだけ暗く建物の中の照明が消せることや、建物の色も極めて重要です。色については映画のスクリーンと同じように白が理想的で、黒い投影面には映像はほとんど映りません。余談ですが、プロジェクションマッピングで城が使いやすい理由は、建物としての魅力があることに加え、白い壁や白っぽい石垣が多いことも含まれています。投影対象の形は、できるだけ平面が多いことが望ましいです。凹凸の激しい建物の場合、手前の面には映像が映りますが、奥の面は陰になってしまい映像が映らないといったことが起こります。

▶ 多様な投影対象の選択肢

投影対象には建物だけでなく、岩、崖、橋、滝なども考えられます。ちょうどよい投影対象がない場合にはスクリーンを作ってしまう方法もあります。例えば、白い和傘を並べてスクリーンを作る、噴水でウォータースクリーンを作る方法です。地方創生を目的としてプロジェクションマッピングを行う場合、地域の特色ある建物や自然景観が利用できるのが理想ではありますが、難しい場合には、ほかのやり方を提案することもあります。

▶ 実際のイベントを想像し、確認を行う

続いて次のようなことを確認していきます。

- 会場のキャパシティ／観覧・鑑賞できるスペースがあるか
- 1回の投影でどれくらいの人数が観覧・鑑賞できそうか
- プロジェクターを設置できるスペースがあるか
- 投影対象とプロジェクター、観覧・鑑賞スペースの間に樹木などの障害物がないか
- 機材を搬入するトラックが入れるか
- 近隣に十分な駐車場が確保できるか
- 来場者の入退場の流れ、待機列を作れるスペースがあるか

▶ 現場へ足を運び、来場者の視点でチェック

　確認作業を行っていくうえで便利なのは地図サービスやバーチャル地球儀システムです。会場や会場付近の様子が分かりやすく、駐車場やアクセスが分かるのはもちろん、観覧・鑑賞スペースのおおよその広さから、1回の投影でどれくらいの人が観覧・鑑賞できるかなどが割り出せます。さらに樹木の有無なども調べられます。プロジェクター設置場所を検討したり、プロジェクターから投影対象までのおおよその距離を測ったりすることも可能です。

　地図サービスやバーチャル地球儀システムの登場と高機能化により、会場選定はかなり楽になりました。とは言えすべての情報が分かるわけではないため、現場下見も欠かせません。ある程度候補地を絞り込んだら実際に候補地に足を運び、観覧・鑑賞スペースから投影対象を見たときの見え方や、実際に体感できる広さ、会場付近の歩きやすさ、車椅子の動線などをチェックしていきます。

▶ 投影映像の見え方のイメージを膨らませる

　プロジェクションマッピングの投影映像が実際にどのように見えるかをイメージしやすくする方法は、スマートフォンで写真を撮ることです。観覧・鑑賞エリアから投影対象の方に向か

い、スマートフォンを目の高さかそれよりも少し上にして、ズームを使わず撮影します。撮影した写真を確認し、観覧・鑑賞エリアから対象物がどのくらいの大きさで見えるか、視界を遮る樹木がないかなどを確認するのです。

▶ スマートフォンでＳＮＳ投稿のシミュレーションを行う

　高機能なカメラではなくスマートフォンで撮影するのは、実際に来場者のＳＮＳ投稿はスマートフォンで撮影された写真や映像が圧倒的に多いからです。スマートフォンの画面いっぱいにプロジェクションマッピングが収まれば、「映える」投稿になる可能性が高く、逆にスマートフォンの画面に収まりきらない、あるいは逆に小さすぎる場合は観覧・鑑賞エリアを見直す必要があります。同時に、子どもの視点、車椅子利用者の視点も重要です。観覧・鑑賞エリアが狭いと大勢の来場者がいる場合に子どもや車椅子利用者の目線ではプロジェクションマッピングを見ることができない場合があるため、子どもや車椅子利用者でも観覧・鑑賞しやすいエリアの確保が必要になります。

　このように現場の様子を細かく確認しながら、そもそも何の目的でプロジェクションマッピングを行うのか、という戦略も念頭に、会場や投影対象を決定していきます。

▶ さまざまな場面を想定した運営マニュアルの重要性

　安全確保のための運営マニュアルを作成するのも重要なポイントです。

　プロジェクションマッピングは集客力があり、大勢の来場者が訪れるイベントになるため、事前に運営マニュアルを作っておく必要があります。基本的に屋外で行われるため感染症対策はあまり課題にならないものの、普段イベントを行わない場所の場合も多いため、安全確保のために配慮しなければならない項目がたくさんあります。そのうち代表的なものには次のようなものがあります。

- 人が流れるルートの設計
- 来場者を殺到させない工夫
- 待機場所の確保と待機列の形成
- 動画撮影の推奨

　人が流れるルートの確保や、来場者を殺到させない工夫は、ほかのどのようなイベントでも必要な対策です。プロジェクションマッピングの場合は特に夜間の実施が多いことから、足元の安全も含めてさまざまな事態を想定した運営マニュアルは必須です。

▶ 一般的なイベントにおける会場運営と管理

　まずはプロジェクションマッピングの観覧・鑑賞エリアの入り口と、観覧・鑑賞エリアから人が出ていく出口を考え、できるだけ一方通行で人が流れるような動線を設計します。また観覧・鑑賞エリアの広さから安全に観覧・鑑賞できる人数を割り出し、それをもとに1回の投影ごとに観覧・鑑賞エリアに入場できる人数をコントロールします。観覧・鑑賞エリアの入り口近くで立ち止まらず、奥までなるべく均等に広がることや、観覧・鑑賞後は入り口から出ることなく出口から退出するよう誘導する必要もあります。プロジェクションマッピングに限ったことではなく、どのようなイベントでも必要になる安全な入退場管理の考え方です。

▶ 待機中の工夫

　一方で観覧・鑑賞エリアに入るまでの待機場所の確保と待機列の形成については、夜間のイベントだからこその工夫もあります。暗い環境でも安全に待機できるような足元灯を置くことや、来場者が待機列に並んでいる間になるべく退屈しないよう、さまざまな光の演出を行っています。

　西尾城のプロジェクションマッピングの例では、待機列が公園の木々の間を通り抜けるため、樹木に対してプロジェクターによるライトアップのような演出を行いました。また段差があ

る場所にはLEDバーライトを設置して色のグラデーションを変化させるライトアップを行ったり、趣のあるキャンドルライトを設置したりしています。

　こういった待機中の工夫はテーマパークでもよく見られますが、待機中も含めてイベントの演出と捉えることで、待機時間を短く感じさせたり、待機中のフラストレーションによって満足度が低下するのを防いだりする目的があります。メインとなるプロジェクションマッピングの演出以外にも会場全体を光で彩ることで、非日常の特別な空間・時間を感じてもらえる効果があります。

待機場所のライトアップ

▶ 写真・動画撮影をあらかじめ想定した運営

　私たちのプロジェクションマッピングでは、スマートフォンで撮影する場合は写真よりも動画で撮影することを推奨するアナウンスを行っています。映像の動きや変化の速いプロジェクションマッピングをスマートフォンの写真で撮ろうとすると短時間に何度もシャッター音が鳴り、周囲の来場者が不快に感じるからというのが最大の理由です。また、写真よりも動画の方がきれいに撮影でき、ＳＮＳで注目を集めやすいという効果もあります。

　プロジェクションマッピングは暗い環境の中で部分的に変化が速く明るい光を投影するため、写真撮影の場合は自動的にシャッタースピードが遅くなり、ブレてしまうことが多くあります。一眼レフでの撮影も含めて、プロジェクションマッピングをブレずにきれいに写真で撮影するには一定のテクニックが必要になります。

　一方、動画であればそれほどブレを気にせず撮影できるほか、スマートフォンのカメラの性能が向上し、知識やスキルがなくても非常にきれいに撮影できます。

　また、近年のＳＮＳ投稿は写真よりも動画の方が影響力が大きくなりつつあります。背景には５Ｇなど通信環境の進歩によって動画のような大容量のデータが短時間で送受信できるようになったこともありますが、撮影した動画をそのままＳＮＳに投

稿してもらうことで、プロジェクションマッピングの魅力である変化の速い展開や立体感がより伝わりやすくなり、宣伝効果も高くなります。

このように、私たちがプロジェクションマッピングを行う際には、来場者が安全・快適に観覧・鑑賞できるのはもちろん、非日常の時間・空間全体を楽しみつつ、かつ宣伝効果が高くなるようなノウハウを盛り込んだ運営を心がけています。

▶ 効果を最大化するための広報戦略

広報戦略について考えると、プロジェクションマッピングはほかの種類のイベントと比べて話題性があり、集客力の高いイベントではありますが、その効果を最大限に生かすためにはしっかり練られた広報戦略が必要になります。私たちの広報戦略においてポイントになるのは次の3つです。

- 「初めて」や「1番」などの言葉を使い、ニュースバリューを創出する
- メディア取材を呼び込みやすい段取りを行う
- ターゲットを絞ったSNSマーケティングを行う

広報戦略において私たちが強く意識していることの一つに、どうやってニュースバリューを創り出すかが挙げられます。岡崎城の事例のように大河ドラマなどの効果ですでに知名度があ

り、ある程度の集客力がある場合は別ですが、西尾城のように全国的にはあまり知られていない場所でイベントを行う場合、ただ単に「イベントを行います」という広報だけでは、メディアの注目も集客も望めません。

▶ 話題性のあるキーワードを見つけ出す

　そこで、このイベントが社会にとってどういった意味を持つのかを伝えるため、例えば「初めて」や「1番」といったキャッチーなポイントを探し、それを最大限にアピールしてインパクトを持たせます。「No.1商法」ではありませんが、事実にもとづいて、全国で1番、都道府県で1番、市町村で1番というように、何か1番を誇れるポイントがないかを探っていきます。「最も古い」「最も新しい」「最も大きい」といった視点も重要なポイントです。

「事実にもとづく」という部分は私たちが最も大切にしていることでもあります。事実にもとづいているからこそメディアが呼び込めるのであって、事実にもとづかない、あるいは恣意的なデータによる「お客様満足度No.1」といった情報はニュースバリューにはなり得ません。プロジェクションマッピングの場合は比較的「その地域で初めて」「その場所で初めて」という事実が言いやすく、ニュースバリューの創出がしやすいという特長があります。実際に、「岡崎城で史上初のプロジェクションマッピング」「西尾城で初めてのプロジェクションマッピング」

「岐阜県の施設で初のプロジェクションマッピング」などのキーワードで集客やメディア取材を呼び込むことに成功しています。

> ▶ 影響力のあるメディア取材を呼び込む段取り

　プロジェクションマッピングがテレビや新聞といった影響力のあるメディアの注目を集めたところで、いつ取材し、いつ記事掲載してくれるか、という問題があります。数日間限りのイベントの場合、イベント終了後にメディアに露出しても集客の効果は得られません。ニュースバリューの創出によってイベント開催前のメディア露出を図るとともに、プロジェクションマッピングの本番前日などにメディア向けに事前の試写ができる段取りを組むことがベストです。本番前日までにプロジェクションマッピングの撮影ができれば、本番初日に「今日から開催」といった文脈で新聞・テレビで紹介され、集客効果を最大限発揮することができます。また、テレビの場合は生中継に対応できる段取りも重要です。生中継の放送時間に合わせてプロジェクションマッピングの最も「映える」場面が投影できるよう秒単位で時間調整を行うこともあります。

> ▶ 誰に情報を届けるべきかを考える

　テレビや新聞のようなマスメディアの影響力が低下しインターネットやSNSの影響力が高まる中、SNSマーケティングも重要です。SNSマーケティングでは「情報をどこの誰に届け

たいか」というターゲティングが重要です。近年は地方自治体もX（旧Twitter）やInstagramなどの公式アカウントを持ち、運用しているところも少なくありません。しかし、そのようなアカウントでは、情報発信は主にすでにアカウントをフォローしている地域住民や地元関係者が中心で、特に地域外に向けたターゲットを絞った広告が打てないということも多いと思います。

　私たちはほとんどのプロジェクションマッピングのイベントで自社のＳＮＳアカウントを生かしたターゲティング広告を行っています。そもそも何のためにこのイベントを行うのかという戦略策定から支援し、求められる効果を最大化できるようなターゲットを設定し、そこに合わせてＳＮＳ広告を打つのです。

　InstagramをはじめとするＳＮＳは、ユーザーの年齢や性別はもちろん、住んでいる場所や旅行先の位置情報、ユーザーの投稿や閲覧する投稿からどのようなジャンルを好むかという興味・関心、インターネット上の行動やアプリの利用履歴にもとづく傾向などから、広告を打つ際のかなり細かなターゲティングが可能になっています。しかも、この広告の精度は年々高まっています。

> ▶ ターゲットを絞り込む重要性

　ＳＮＳ広告におけるターゲティングとは、どういった年齢、地域、興味・関心のある人に広告を打つかを細かく設定するこ

とです。例えば、「岡崎城から半径10km以内に居住あるいは旅行している、20〜59歳男女」といった設定をすれば、その条件に合う人だけに広告が表示される仕組みです。プロジェクションマッピングの場合は会場に足を運んでもらうための広告ですので、ターゲットを細かく絞り込むほど、効果的で効率的な広告ができるようになるのです。

　岡崎城の場合は大河ドラマの追い風もあり、ある程度広い範囲からの集客が可能と見込んで、名古屋のほか東京や横浜、京都、大阪などもターゲティングの範囲としました。経済効果を最大化するという目的もあり、費用や時間をかけて来てくれ宿泊もしてくれる購買意欲の高い層を狙ったという側面もあります。一方、西尾城の場合は、シビックプライドの醸成や西尾城の認知度を高めることが狙いだったため、西尾城から近い範囲で、特に10〜20代の若い世代、ＳＮＳユーザーで「映えスポット」が好きな発信力が高い層をターゲットとして広告を配信しました。

▶ イベント成功のための戦略的アプローチ

　プロジェクションマッピングはそもそも集客力が高いイベントではあります。しかし、このようなニュースバリューの創出、メディア取材の呼び込み、ＳＮＳターゲティング広告などを複合的に組み合わせて行うことで、イベントの効果を最大化することができます。ただ目新しいイベントを行うということだけ

ではなく、広報・広告も踏まえて戦略的に企画を行うことが、成功を収める秘訣です。

▶ イベント後のＳＮＳ波及効果分析

また、私たちはＳＮＳを中心にイベント後の波及効果の分析を行っています。ただイベントを開催して終わるのではなく、その後、InstagramなどのＳＮＳにどれくらいの投稿があり、どれくらいの人に影響があったかといった効果検証をＡＩによる分析ツールを使用して行っています。

恣意的な意見抽出ではなくビッグデータ解析によるデータの可視化によって、説得力が高く、イベントの効果があったことが客観的に証明できるレポートとして有用なものになります。

岡崎城の３Ｄモデル

▶ 投影システム設計と 3D モデル制作

　プロジェクションマッピングは、プロジェクターから投影する画像が立体的な投影対象にぴったりと合っている必要があります。そのためには、投影するコンテンツを制作する前にどのような位置から何台のプロジェクターでどう投影するか、という投影システム設計と、投影対象の3Dモデルの制作が必要になります。投影対象が近年建造された建物などの場合、施工図のデータを入手し、施工図から3Dモデルを起こします。城でプロジェクションマッピングを行う場合でも、昭和時代以降に復元された城の多くは紙ベースであったとしても図面が残っており、図面から3Dモデルを制作することが可能です。

▶ モデル化が困難な投影対象

　一方で、古い建物など投影対象の図面が残っていない場合や、崖や樹木など図面がそもそも存在しない場合もあります。そのような場合は、プロジェクターの設置想定場所から撮影した高精細な写真をもとに3Dモデルを制作したり、3Dスキャンを行ったり、ドローンで空撮した映像をもとにフォトグラメトリという手法を使って3Dモデルを制作したりします。

　季節によって変化する樹木のような場合は3Dモデルを制作せずに、現場で調整しながら作り込んでいくこともあります。

CASE

3

CITY 愛知県
名古屋市

城下町の面影残る建物と
デジタルアートのコラボ
非日常の空間芸術で
人々を魅了

目的 》》》
- 古民家の今後の活用方法の検証
- デジタル技術を活用した地域連携、産官学連携

THEME ● 文化財の新たな活用方法

効果 》》》
- 新たな文化芸術の発信拠点としての知名度の向上
- ＳＮＳ上での反響、高評価の獲得

DATA　愛知県名古屋市の概要

人口 232万6104人
（2023年8月1日現在）

世帯数 115万5283世帯
（2023年8月1日現在）

面積 326.50 km^2

観光名所
名古屋城
名古屋港水族館
熱田神宮

　愛知県の県庁所在地であり東海地方最大の都市。約60兆円という全国第1位の工業出荷額を誇る中京工業地帯の中心地であることに加え、最大級の貿易港である名古屋港を擁しており、自動車、航空機、工作機械など機械工業・製造業の集積地と言える。

　徳川家康による都市計画を経て江戸時代は尾張徳川家の城下町として栄え、以後も計画的な区画整理や都市開発が行われてきた。2000年以降の再開発により名古屋駅周辺エリアは超高層ビル街となり、2000年には神戸市とともにアジア初のユネスコのデザイン都市に認定されるなど、名実ともに日本の先端を行く都市の一つとなっている。

　名古屋城、熱田神宮といった史跡・神社仏閣はもちろん、新旧さまざまな名所、商業施設がひしめき合い、国内旅行者はもちろん、外国人観光客も多く訪れている。

左：名古屋城　右上：名古屋港水族館　右下：空から見た名古屋駅周辺
写真提供：公益財団法人名古屋観光コンベンションビューロー

▶ 古民家と生け花、プロジェクションマッピングの融合

　4つ目の事例は、愛知県名古屋市にある古民家、伊藤家住宅でのデジタルアートイベントです。この事例で特徴的なのは、屋内の限られた空間でプロジェクションマッピングを活用した点です。

　プロジェクションマッピングと言うと、屋外でダイナミックな演出を行い多くの人を集めるという印象が強いですが、屋内でのイベントでも優れた効果を発揮することができます。プロジェクションマッピングの原形とも言われる「ホーンテッド・マンションの胸像」がいまだに現役であることからも、その魅力は想像できると思います。ショーとしての存在感を示すような派手さはないものの、来場者に印象的で幻想的なアート体験をもたらすイベントとして、高い付加価値と集客力を発揮することができます。

▶ 新しい芸術作品のスタイル

　屋外でのプロジェクションマッピングはダイナミックで派手な映像や音響効果で、多くの人が引き付けられる短時間のショーのような演出効果があります。一方で屋内でプロジェクションマッピングを生かした回遊型のイベントを行う場合には、長時間かけて見て回ることを前提に、美術館での芸術作品の鑑賞のようなイメージでアート作品を作り上げていきます。

舞妓・芸妓とプロジェクションマッピング

▶ 屋内で実施する場合のメリット

　プロジェクションマッピングを屋内で行う最大のメリットとして、夜間だけでなく昼間でも実施できることが挙げられます。1日あたりの開催時間を長く設定できるため、夜間に限らず昼間も含めて開催時間中ずっと集客や経済効果が見込めます。また、来場者も短時間に集中するのではなく、開催時間中に分散してやって来るため、混雑を回避して結果として多くの来場者を集客することもできます。さらに、天候の影響を受けにくいのも大きな利点です。

▶ 伊藤家住宅の歴史

　私たちがイベントを行った伊藤家住宅は、愛知県名古屋市の四間道(しけみち)というエリアにある古民家です。四間道には江戸時代から続く土蔵が連なっており、伊藤家住宅もその町並みの中にある古民家の一つです。

　伊藤家は1614年大船町に移住した清須越(きよすごし)商人で、茶屋町の伊藤家（松坂屋）と区別して川伊藤と呼ばれていました。屋号は伊藤屋と言い、米穀問屋を営み、尾張藩御用商人を務めました。伊藤家住宅は江戸時代中期に建てられた屋敷で、たび重な

愛知県指定有形文化財　伊藤家住宅の室内
写真提供：名古屋市

る増築や改造を経て明治初期頃に現在の姿になったと考えられています。

　名古屋にある古い建物は第二次世界大戦のときの空襲で焼失したものも多く、伊藤家住宅は戦争を乗り越えて現代まで残された貴重な建物です。

　1987年に愛知県指定有形文化財、2018年には名古屋市景観重要建造物に指定されており、名古屋市が2021年に取得しました。将来的には一般公開をし、内部を見学できるようにする構想もあるのですが、修理前の万全とは言い難い建物状態であることから、2024年現在は一般公開は行っていません。

　そこで、歴史的価値や資料的価値を生かしたうえで、伊藤家住宅の今後の活用方法の検証を目的とした地域連携、産官学連携による実証実験事業を行うこととなりました。まずは実験的な試みとして、日本の伝統的な芸術文化である華道や書道、そして舞妓や芸妓文化とコラボレーションをしたプロジェクションマッピングによるデジタルアートイベントを実施しました。

▶ 歴史文化を生かして創り上げた新たなアート空間

　伊藤家住宅でのデジタルアートイベントで展示の要としたのは、生け花とプロジェクションマッピングのコラボレーション、舞妓・芸妓がいる動的な空間、日本家屋ならではの障子を生かした演出などです。

　生け花や花をテーマとする展示作品は、名古屋で創流された石田流華道会の家元や師範など、名古屋で活動する作家が手がけました。その作品にプロジェクションマッピングを行うのですが、通常プロジェクションマッピングを行うためには、投影対象の3Dモデルが必要です。一方で、生け花などの作品には3Dモデルがなく、会場で作品を完成させるため、どのような作品になるかが直前まで分かりません。したがって、会場で完成した作品に対して、現場でプロジェクションマッピング映像を作り込んでいくという手法で準備を行いました。また、生け花などの作品にはなるべく映像が投影できるよう、面積が大きく白に近い色を使ってもらうようお願いするなどの工夫をしました。

　そうして完成した生け花などの作品にプロジェクションマッピング映像を投影することで、まるで花がさまざまな色に変化しながら動いているかのような幻想的なアート空間を創出することができます。

　また、このイベントでは名古屋にある舞妓・芸妓の団体、名妓連組合に協力してもらい、舞妓・芸妓がいる動的な空間を創出しました。展示空間にさりげなく舞妓・芸妓に入ってもらい、ポーズを取ることで幻想的な空間に「華を添える」役割を狙っています。併せて、日本家屋ならではの障子をスクリーンに見立てたプロジェクションマッピング演出も行いました。

伊藤家住宅のプロジェクションマッピング

　これらの演出により、古民家のそれぞれの部屋で動きのある
アート空間を設け、ユニークで付加価値の高い、印象的で幻想
的な非日常のアート体験をもたらすイベントとして、大変な好
評を得ることができました。

128

舞妓・芸妓とプロジェクションマッピング

　美術館などでの絵画や彫刻などの芸術作品の展示は一般的に静的なものが多く、撮影禁止のところも多くあります。一方で、伊藤家住宅では舞妓・芸妓も含めてすべて写真・動画の撮影が許可され、しかも動的に変化するアート作品とすることで、多くの人が写真・動画を撮影し、それをSNSに投稿することで人が人を呼ぶ集客のスパイラルが生まれました。

　このイベントは、知名度がそれほど高くない場所にどうすれば人を呼び込めるか、という実験も兼ねて行ったものでした。
　来場者からは、「きれいだった」「楽しかった」という声のほかに「名古屋にこんなすてきな場所があったとは知らなかった」という声のように、古民家そのものの歴史的・文化的価値を評

伊藤家住宅のプロジェクションマッピング

価する声も多く見られました。プロジェクションマッピングや
デジタルアートという一見革新的なアートの分野であっても、
古民家や生け花、舞妓・芸妓といった伝統文化とのコラボレー
ションによって芸術性につながりを持たせることで、古民家が
地域における新しい文化芸術の発信拠点として機能した好事例
だと言えます。

▶ 屋外・屋内それぞれの特徴とメリットを考える

　伊藤家住宅でのデジタルアートイベントは、私たちと名古屋
市との共催というスキームで開催した有料のイベントですが、
文化庁の補助金が得られたことで実現できました。

　意外に思われるかもしれませんが、古民家のようなそれほど広くない屋内で行うデジタルアートイベントのコストは、城などの屋外で行うプロジェクションマッピングとそれほど大きく変わりません。屋外でのプロジェクションマッピングには高輝度なプロジェクターが必要で音響スピーカーも大きなものが必要になりますが、屋内で行う回遊型のデジタルアートイベントには多くのプロジェクターや再生機が必要になります。

　また制作する映像コンテンツも、投影する場所が増える分の制作が必要で、さらに現場での細かな調整作業が必要となります。加えて、屋外と比べて長期間開催する場合、機材や運営の費用も膨らんでいきます。

　一方で、屋内でのデジタルアートイベントは暗い環境が確保できれば昼間も含め時間にかかわらず開催できるため、さまざまな展開の可能性が考えられます。

　城など建物を対象としたプロジェクションマッピングは来場者の視線が一方向ですが、屋内のデジタルアートイベントは空間全体に光の演出を行うことで多方向の視点で鑑賞でき、空間への没入感が高まります。また、時間の制約が少ない分、より幅広い層に足を運んでもらえる可能性があります。例えば、私たちが開催した「空間体感！動き出す浮世絵展 NAGOYA」という屋内でのデジタルアートイベントでは、約2か月間でおよそ8万人が来場し、イベント単体でビジネスとして成功させた

こともあります。一方で、古民家のようなロケーションであれ
ば、伝統文化とデジタル技術の融合という文脈で補助金の活用
や自治体の予算で実施するのが現実的です。

　屋外、屋内それぞれの特徴とメリット、デメリットを踏まえ
て幅広くアイデアを出し合い、戦略的に検討していくことが大
切です。

　なお、伊藤家住宅でのデジタルアートイベントは2021年に
初めて開催し、大変好評だったため2023年にも再び開催しま
した。そして、チケット料金の中に近隣の商店街で使える500
円分のクーポン・金券を含むという新たな取り組みを行いまし
た。チケット料金をすべてイベントの収益にするのではなく、
近隣の店舗に収益を循環させることで地域活性化を促し、地域
とともに持続可能なイベントにしようという試みです。もちろ
ん、イベントによる集客で近隣の店舗への経済波及効果が期待
できますが、それ以上に直接的に収益を店舗にもたらし、文化
芸術の発信拠点としての役割を果たそうとしました。

　こうした取り組みも含め、古民家を活用したデジタルアート
イベントは地域活性化の切り札となる可能性を秘めています。

屋外でのプロジェクションマッピングを検討する場合に知っておきたい3つのこと

　屋外でのプロジェクションマッピングを企画する際に、知っておきたい技術的なポイントが次の3つです。

POINT
- プロジェクターと投影対象の距離とレンズ
- プロジェクターの設置場所と高さ
- 複数のプロジェクターを使う場合がある

　屋外でのプロジェクションマッピングの場合、プロジェクターと投影対象の間には一定の距離が必要になります。投影対象の大きさやレンズにもよりますが、例えば幅20mの建物に投影する場合、レンズによってはおおよそ10～50mほどの距離が必要になります。プロジェクターの映像はテレビと同じ横長の16:9または16:10というサイズが一般的で、同じレンズであれば距離が遠くなればなるほど映像の投影範囲が広くなり、その分明るさは弱くなります。また、プロジェクターの設置場所から投影対象までの間に障害物がないことはもちろん、人の影ができないよう、設置場所は一定の高さを確保する必要があります。

　屋外の場合、イントレと呼ばれる足場を組んでその上にプロ

ジェクターを設置する方法が一般的ですが、イントレが高くなればなるほど風の影響も受けやすくなり映像がブレるといった問題が出る場合があります。また、プロジェクションマッピングで使用する高輝度プロジェクターは重量があり、軽いものでも20kg以上、重いものでは80kg以上になるため、どう安全に持ち上げるかという設置方法にも注意が必要です。

　加えて、プロジェクションマッピングでは通常、プロジェクター1台のみで運用することはあまりありません。万が一その1台が故障した場合にイベントが開催できなくなってしまうことや、1台では必要な面積や明るさが確保できず、複数台のプロジェクターを使う場合が一般的です。

　縦長の城の天守に投影する場合、例えば2台のプロジェクターを使い、1台目で上半分の天守に、2台目で下半分の石垣に分割して投影するといったことがよくあるパターンです。また、明るさを確保するため複数のプロジェクターの映像を重ね合わせる「スタッキング」という技術を使用することもあります。2台のプロジェクターをスタッキングすることで明るさを約2倍に、といった考え方です。さらに電源までのケーブルルートや音響機材の設置場所、オペレーションを行う場所などさまざまなことを考慮する必要がありますが、まずはこれらのことを踏まえたプロジェクターの設置場所が最も重要なポイントになります。

CASE

4

三重県明和町

観光客が約7万人から
約13万人に爆発的に増加！
有料でも観たい
絢爛豪華な平安絵巻

目的 》》
- 国史跡斎宮跡の認知度向上
- 観光資源・文化財のポテンシャル発揮
- 観光資源・文化財への理解促進・興味関心の喚起

THEME
- 観光地としての知名度向上とナイトタイムエコノミーの活性化

効果 》》
- 観光客が前年約7万人から約13万人に増加
- マスメディアで取り上げられ、斎宮跡や明和町の知名度が向上し、地域の名物イベントとして定着

人口	2万2910人
	（2023年1月1日現在）
世帯数	9456世帯
	（2023年1月1日現在）
面積	41.04 km²

名産品・特産物
御糸織
みいとおり
擬革紙
ぎかくし

観光名所
さいくう平安の杜

　明和町は伊勢湾に面し、本居宣長の生誕地で知られ、ブランド牛でも有名な松阪市と、伊勢市の間に位置している。近畿日本鉄道（近鉄）が通っており、伊勢湾沿いに名古屋へ、紀伊半島を横断して大阪へ行き来することができるほか、有料道路が整備されて高速道路とのアクセスもよくなっている。

　隣接する多気町はかつて丹生鉱山で栄え、古代から中世にかけて水銀の産出地として重要視されていた。奈良大仏のメッキのために使われた大量の水銀のほとんどがこの地域から産出されたものとされており、当時は都への運搬を含むさまざまな人の往来でにぎわった。そのため歴史・文化を今にとどめる名残も多く、特に明和町においては天皇の名代として伊勢神宮に祭られた斎王が暮らした斎宮が国の史跡として指定されており、地域を代表するものとして観光への効果も期待されている。

御糸織
写真提供：三重県明和町

伊勢参宮名所図会（1797 蔀関月）
資料提供：惠藝文庫蔵

▶ 話題になったことで多くの観光客の呼び込みに成功

　この事例は、話題になるイベントを実施したことで観光客数が大幅に増え、知名度も向上するなど好循環を起こした、斎宮のイベントです。この例では、斎宮がある三重県明和町への観光客数が、県の統計で2020年の約7万人から2021年には約13万人へと増加しました。コロナ禍もあり三重県全体としては観光客数が減少し、周辺の市町村も苦戦していた中、明和町は観光客数を前年から約6万人増加させたことでニュースにもなりました。

斎宮のプロジェクションマッピング

　ここで注目すべきは、年間を通じて観光客が増加したことです。プロジェクションマッピングは集客力のあるイベントですが、数日間のイベントで約6万人もの観光客を呼び込むことは容易ではありません。2021年は斎宮で2回プロジェクションマッピングを行いましたが、来場者は合計1万人程度でした。ですが、プロジェクションマッピングも含めて斎宮跡がメディアの注目を大いに集めたことで認知度が向上し、年間を通じて観光客が訪れるエリアに変化していったのです。

　明和町ではDMO（観光地域づくり法人）である一般社団法人明和観光商社が中心となり、プロジェクションマッピング以外にも体験型アクティビティーなどの観光コンテンツ開発を積極的に行っています。そうした観光コンテンツの目玉としてプロジェクションマッピングを行うことにより、斎宮跡の知名度が上がり、多くの観光客を呼び込むことに成功しました。

　明和町にあった斎宮とは、いつきのみやとも呼ばれ、伊勢神宮からおよそ15kmの場所にあります。斎宮には西暦670年頃から1330年頃にかけて斎王と呼ばれる女性皇族が暮らし、斎王は天皇に代わって伊勢神宮に仕えていたと伝えられています。しかし鎌倉時代後期になると斎王という役職はなくなり、それに伴って斎宮もまた失われてしまいました。

　その後、斎宮とその一帯は古里遺跡と呼ばれていましたが、

投影前の斎宮正殿　写真提供：三重フォトギャラリー

1970年に始まった発掘調査によってそこに斎宮があったことが明らかになり、現在では斎宮跡に復元された斎宮正殿の建物や博物館・公園などがあります。

　この斎宮跡の観光コンテンツ開発で全国的にも注目を集めているのが、明和観光商社です。最近ではブロックチェーン技術を用いたNFT（非代替性トークン）を御朱印と組み合わせるなどデジタル技術の活用で先進的な取り組みを行っており、斎宮の建物を活用したプロジェクションマッピングを企画したのも明和観光商社でした。

　明和観光商社ではそれまでもマルシェのようなイベントやサイクリングの体験アクティビティーなど、昼間のイベントは数多く仕掛けていました。一方で、夜間の観光客の少なさが課題として挙げられ、こうした中でプロジェクションマッピングが夜間観光の起爆剤として期待されました。

さいくう平安の杜
写真提供：三重フォトギャラリー

　斎宮跡の最寄り駅は近鉄山田線の斎宮駅ですが、いわゆる無
人駅で駅前にコンビニエンスストアや商店街があるわけではな
く、夜は斎宮駅を利用する住民以外の姿は基本的にありません。
　また、近年発掘調査が進んだこともあり斎宮そのものの知名
度がその歴史文化的価値に比較してまだ低く、私たちも、プロ
ジェクションマッピングの企画を持ちかけられた時点では斎宮
の名前を聞いたことがありませんでした。明和観光商社は斎宮
跡の観光資源・文化財のポテンシャルの高さを発揮するために
はプロジェクションマッピングが最適と考え、私たちに声がか
かりました。

　2015年に復元された斎宮の建物は正面の正殿、その両脇の東脇殿、西脇殿の3つで構成されています。初めての斎宮でのプロジェクションマッピングでは正殿に映像を投影し、2回目以降は正殿、東脇殿、西脇殿3つの建物に同時に映像を投影しています。3つの建物の間、中心に立てば3方向のプロジェクションマッピングが体験できるという、このロケーションならではの演出です。

　斎宮や斎王の存在は、『伊勢物語』や『源氏物語』にも登場します。斎王の象徴的な装束である十二単の姿をプロジェクションマッピング映像に取り入れたほか、後世に描かれた伊勢物語図屏風や斎王群行絵巻などをもとにしたデジタルアニメーショ

斎宮のプロジェクションマッピング

ンの場面も投影しました。また、発掘調査をもとに9世紀初め
の姿でよみがえった斎宮の伝統的な建築物としての美しさを生
かした3DCGの場面も盛り込んでいます。

　明和町では毎年、斎王まつりというイベントを開催しており、
公募で選ばれた斎王役や女官役の女性などがパレードを行いま
す。そうしたイベントとも連動し、プロジェクションマッピン
グの初回の投影では、十二単の装束に身を包んだ斎王役の女性
が実際に登場するサプライズ演出を行いました。この演出は大
変好評で、2回目のプロジェクションマッピングではタレント
の壇蜜さんに斎王にふんしていただき、大いにメディアをにぎ
わせました。

▶ 実験的に観覧料を設定するも多くの人々が来場

　私たちが行う屋外のプロジェクションマッピングの場合、普
段は公園として夜間も含めて開放されている公共空間で行うこ
とが多いため観覧料金を取ることが難しく、基本的には観覧無
料で行っています。一方で補助金などに頼らずに一部でも自走
可能なイベントを目指していくために、斎宮のプロジェクショ
ンマッピングは実験的に観覧料金を設定しました。

　2回目は無料の屋外でのプロジェクションマッピングに加えて、
西脇殿の屋内を活用し花桶にプロジェクションマッピングを行
うデジタルアートイベントを有料で行いました。これは伊藤家
住宅で行ったデジタルアートイベントと似た手法です。

斎宮のプロジェクションマッピング

斎宮のプロジェクションマッピングを見る来場者

　このイベントも成功を収め、無料の屋外のプロジェクションマッピングに来場した人の多くが、有料の屋内のデジタルアートイベントにも来場し、一部有料化に対して好意的でした。

　その後、3回目からは屋外でのプロジェクションマッピングの有料化を行いましたが、無料と比べてもほとんど来場者数は変わらず、会場の外で地元の食などを体験できるイベントも併せて行うことで、むしろイベント全体の満足度は回を重ねるごとに向上しています。

　斎宮跡はほかの観光地と比べていわゆる観光スポットは決して多くありませんが、斎宮跡ならではの歴史文化を生かしたプロジェクションマッピングというキラーコンテンツによって、名古屋や大阪、東京といった都市からも観光客が訪れる付加価値の高い文化観光資源を創出することができました。

　映像や写真が「映える」こともあり、NHKをはじめテレビや新聞など多くのメディアの注目を集めたことで、プロジェクションマッピングの来場者以外にも観光地としての斎宮や明和町の存在を知ってもらう機会を広げることができ、明和観光商社が行っているさまざまな観光振興の取り組みとの相乗効果もあり訪れる人が増えました。

　歴史的な観光資源や文化財と相性のよいプロジェクションマッピングが情報発信の起爆剤となり、観光地としての知名度が上がり観光客数が大幅に増加した成功事例と言えます。

CGアニメーション制作で気をつけていること

　私たちが手がけるプロジェクションマッピングにおいて、投影コンテンツを制作する際に気をつけているポイントがいくつかあります。インバウンドも含めあらゆる地域・世代の人が安心して観覧・鑑賞できることを前提に、次のことに注意しています。

POINT

- 光の点滅、コントラストの強い場面転換、規則的なパターン模様
- 来場者を不快にさせない表現、歴史や伝統へのリスペクト

　現在、テレビ放送では「アニメーション等の映像手法に関するガイドライン」にもとづき、フラッシュなどの速い光の点滅、コントラストの強い急激な場面転換、縞模様や渦巻き模様などの規則的なパターン模様など、特に光感受性のリスクが大きいとされる子どもへの影響を少なくするよう配慮されています。

　1997年に起きたいわゆる「ポケモンショック」を受けてNHKと日本民間放送連盟が再発防止に向けて定めたルールで、本来映像が明滅しているテレビメディアであっても、点滅やコントラスト変化のスピードを遅くしたり、規則的なパターン模

様の面積を少なくしたりすることでリスクを回避できることが分かっています。

　プロジェクションマッピングは、周囲が暗い環境の中で投影対象に高輝度の映像を投影して行うイベントで、来場者は投影対象を凝視するため、私たちもこのガイドライン以上に配慮しながら投影映像の細かなチェックを行っています。私自身がＮＨＫ職員時代に通称「ポケモンチェッカー」と呼ばれていた装置を使い放送前の映像をチェックし、チェックに引っかかった場面の修正指示をした経験があります。

　テレビ放送における「アニメーション等の映像手法に関するガイドライン」に準拠したプロジェクションマッピングは私が知る限り日本では極めて少なく、明らかに危険な光点滅や急激な場面転換が多用されています。一定の離れた距離から観覧・鑑賞するプロジェクションマッピングと近い距離で視聴するテレビとは性質が異なりますが、プロジェクションマッピングの規模が大きくなるほど投影面積が増え、同時に健康への影響のリスクも高まると考えており、私たちは特にこの点に細心の注意を払っています。

　もう一点、来場者を不快にさせない表現については、いわゆる「炎上リスク」を回避するという視点が重要です。プロジェクションマッピングは高い集客力や話題性があり、ＳＮＳでも「映える」コンテンツとして拡散されやすいという特徴がありますが、同時にひとたびネガティブな指摘を受ければ、たちま

ち「炎上」してしまう可能性があります。

　幸い、私たちが手がけるプロジェクションマッピングではこれまで一度も「炎上」したことはありませんが、そもそもプロジェクションマッピングのコンテンツは「ファンタジー」の要素が強いため、暴力的・差別的な表現はもちろん、誰かを傷つけることにならないか、といった感覚は常に持っておく必要があります。

　「炎上リスク」を回避するうえでも大切なことは、その地域の歴史や伝統へのリスペクトを持つことです。斎宮跡を例に挙げると、斎宮の制度は1330年頃に廃絶されており、例えば侍や忍者など江戸時代を連想させるようなモチーフは合いません。また、伊勢神宮に仕える皇女が斎王であり、斎宮と伊勢神宮とのつながりを描く際も、鳥居の色や形に配慮する必要がありました。具体的には、伊勢神宮の鳥居は「神明鳥居」と呼ばれるもので、その形や色を表現することが適切と判断しました。

　こうした地域の歴史や伝統へのリスペクトを持ち、地域の人たちとも誤った表現がないかなどコミュニケーションを取りながら制作していくことが、リスクの回避につながります。

CASE

5

CITY 岐阜県
関ケ原町

大きな話題性で記念館のPRに
3日間で約9000人の来館者を獲得

目的 》》》
- 岐阜関ケ原古戦場記念館への誘客
- 関ケ原古戦場への誘客
- 岐阜関ケ原古戦場記念館、関ケ原古戦場の魅力向上

THEME
- 岐阜関ケ原古戦場記念館の宣伝と集客、知名度の向上

効果 》》》
- 3日間で約9000人の集客

DATA　岐阜県関ケ原町の概要

人口	**6466**人
	（2023年1月1日現在）
世帯数	**2675**世帯
	（2023年1月1日現在）
面積	**49.28** km^2

名産品・特産物

関ケ原せんべい
ガラスアート

文化財

関ケ原古戦場

「天下分け目」と言われた関ケ原の戦いはもちろん、古代日本最大級の内乱である壬申の乱の舞台ともなった、歴史ロマンあふれる地。岐阜県の西南端に位置し、北に霊峰として神話に残る伊吹山を望む。古くから交通の要衝とされ、中山道、北国街道、伊勢街道が交わる場所であり、壬申の乱後に天武天皇が築いた不破関が「関」の名の由来とする説がある。また、これを境に関東、関西の呼び名が生まれたともさ

れ、日本の歴史文化を語るうえで欠かすことができない。

　ＪＲ東海道本線の関ケ原駅があり、名古屋と京都・大阪方面と結ばれているためアクセスはよい。人口は約6500人と岐阜県の市町の中でも少ない方で、第二次産業従事者を中心に減少傾向にある。町の８割近くが山林となっており、北部および南部山地の一部が揖斐関ケ原養老国定公園に指定されるなど自然豊かな土地と言える。

左：関ケ原古戦場　写真提供：PhotoAC
右上：関ケ原合戦祭り　右下：徳川家康最後陣跡
写真提供：一般社団法人岐阜県観光連盟「岐阜の旅ガイド」

▶ 施設のオープン後初のプロジェクションマッピング

　ここまでの事例では、城や斎宮跡など、投影対象が伝統的な建築物の例を挙げてきましたが、対照的に現代的なデザインの岐阜関ケ原古戦場記念館に投影を行った事例をご紹介します。

　岐阜関ケ原古戦場記念館は、2020年に岐阜県関ケ原町にオープンした関ケ原の戦いの全容が分かる最新技術を結集した体験型の施設です。施設のオープン以来、初めてのプロジェクションマッピングを行いました。

　関ケ原町は、1600年に繰り広げられた関ケ原の戦いの主戦場です。岐阜関ケ原古戦場記念館では、天下分け目の戦いを俯瞰し、両軍の激突を臨場感たっぷりに体感できるような展示などが行われています。

　岐阜関ケ原古戦場記念館の外観は櫓を現代風にアレンジした展望塔がシンボリックな現代建築で、多雪地域のため落雪を考慮して滞雪型のフラットルーフのデザインが採用されています。1階部分はガラス張りになっており、2階部分の外壁はプロジェクションマッピングの投影に最適な白っぽい平面的な外壁になっています。3階・4階部分は狭くなっていますが関ケ原町らしい陣幕が取り付けられており、5階部分も展望台でガラス張りになっています。プロジェクションマッピングを検討するにあ

岐阜関ケ原古戦場記念館
写真提供：PhotoAC

岐阜関ケ原古戦場記念館のプロジェクションマッピング

たり、ガラス張りの1階と5階には投影ができないため、2階部分の外壁をメインのスクリーンとし、3階・4階部分の陣幕にも映像を投影する設計としました。

▶ 建物それぞれで工夫が必要

　岐阜関ケ原古戦場記念館のプロジェクションマッピングの特徴は、メインとなる2階部分の外壁がかなり横長だという点です。人間の視野は横に180〜200度、縦に120〜130度と言われており、テレビがハイビジョンに切り替わる際にＮＨＫ放送技術研究所がアンケートを取ったところ、最適な画角は横が5に対して縦は3というサイズだったそうです。私たちのプロジェクションマッピングでもなるべく見やすい横長を意識して投影システムを設計しますが、岐阜関ケ原古戦場記念館の2階部分の投影範囲は5:3よりもはるかに横長なため、映像コンテンツ制作の際に工夫が必要でした。

　例えば人物の絵を投影しようとする場合、一人だけの人物の絵では余白がかなりできてしまいます。そこで、ワイドな投影面のよさを生かし、両軍がぶつかり合う場面をドローンで撮影したようなＣＧアニメーションやたくさんの戦国武将の錦絵をまとめて見せる場面など、関ケ原の戦いならではの臨場感を伝える工夫を凝らしています。

　建物の形状に合わせた工夫と、その場所ならではの歴史や文化財をモチーフにした映像表現で、岐阜関ケ原古戦場記念館のプロジェクションマッピングはダイナミックな演出が実現できました。

　岐阜関ケ原古戦場記念館は 2020 年 10 月にグランドオープンしましたが、コロナ禍で大規模なイベントが開催できずにいました。こうした中、2022 年に岐阜関ケ原古戦場記念館のオープン以来初めての大規模イベント「大関ケ原祭 2022」が開催され、その目玉としてのプロジェクションマッピングのほか、タレントや歴史家などのトークショー、東西クイズ対決、東西お国自慢ステージなどさまざまなイベントが行われました。

　イベントによって岐阜関ケ原古戦場記念館や関ケ原古戦場への誘客や魅力向上に期待が高まる中、プロジェクションマッピ

　ングの投影コンテンツも関ケ原町ならではのモチーフをたくさん盛り込みました。

　主催者である岐阜県や関ケ原町を通じて、関ケ原町歴史民俗学習館が所蔵する「関ケ原合戦図屏風」や岐阜関ケ原古戦場記念館が所蔵する「徳川二十将図」や「太平記英勇伝」といったデジタルデータを提供してもらい、そのデジタルデータをもとに関ケ原町の歴史的スケールを感じられるようなデジタルアニメーションを制作していきました。

　また、古書店で関ケ原の戦いについて書かれた江戸時代の書物を入手し、書物の文字にアニメーションを付けて立体的に表現する場面も盛り込んでいます。いわゆる「古文書」なので現代の私たちには何が書かれているかすべて理解できるわけではないのですが、墨と筆で書かれた古い文字が持つデザインとしての美しさや「関ケ原」「家康」など部分的に読める文字を見つけたときのおもしろさもあり、関ケ原町ならではの印象的な

場面としてとても効果的な役割を果たしました。

「古文書」をわざわざ探し、文書の中で象徴的な部分を読み解きそれをアニメーション化する手法は労力のかかるものですが、丁寧に「関ケ原町ならでは」というコンセプトに向き合い、リスペクトを持って制作することが来場者の満足度の向上につながります。岐阜関ケ原古戦場記念館の関係者にもどうやって画像を探してきたのかと聞かれ、古書店で探してきたことを伝えるととても感心していただいたというエピソードもあります。

　岐阜関ケ原古戦場記念館のプロジェクションマッピングの来場者数は3日間で約9000人に上りました。岐阜関ケ原古戦場記念館は通常は午後5時で閉館になりますが、プロジェクションマッピング実施期間中はナイトミュージアムとして特別に夜間も開館し、プロジェクションマッピングとの相乗効果が得られました。

　プロジェクションマッピングを含めた一連のイベントは複数のメディアで大きく取り上げられ、記念館のオープン以来最大の注目を集め、岐阜関ケ原古戦場記念館の誘客や関ケ原古戦場への誘客、何より関ケ原町の魅力向上に大きく貢献することができました。

CASE

6

CITY 愛知県日進市

圧倒的注目度で
過去最多来場者数を記録
NHKの中継で最大の効果

目的 》》

- 観光誘客の促進と周辺地域の需要喚起
- 「ジブリパーク」への観光客のニーズを踏まえた周遊型観光の促進
- 文化振興の促進とシビックプライド醸成
- 小牧・長久手の戦いの舞台となる岩崎城の知名度向上

THEME
- 知名度の向上とシビックプライドの醸成

効果 》》

- 3日間で約1万5000人の集客を達成
- 岩崎城の知名度の飛躍的向上と地域の大きな盛り上がり

DATA 愛知県日進市の概要

人口 9万3643人
（2023年4月1日現在）

世帯数 3万9373世帯
（2023年4月1日現在）

面積 34.91 km²

名産品・特産物
プチヴェール（野菜）

観光名所
白山宮
愛知牧場
五色園

　日進市は愛知県の中部に位置し、名古屋市と豊田市に挟まれている。そのため就労に適した位置関係と言え、ベッドタウンとして都市開発が進んだ結果人口は増加を続けており、人口増加率では全国の都市の中でも屈指となっている。

　また高校や大学が多く集まり、学園都市の側面を持つ。自然豊かでありながら通学・通勤に便利な交通網が充実しており、若い世代が集まりやすい環境を実現している。

　観光名所としては織田信長の父、信秀が築いたことで知られる岩崎城のほか、多くの乳牛を飼育する入場無料の愛知牧場、かつての名古屋市電や地下鉄が展示されているレトロでんしゃ館など、老若男女幅広く楽しめるスポットが人気を集めている。

左：白山宮　右上：愛知牧場　写真提供：Aichi Now
右下：プチヴェール　写真提供：PhotoAC

▶ 隣接する自治体のジブリパーク開園による誘客効果を狙い、
夜の周遊型観光を目指したプロジェクト

　続いては、自治体が盛り上げに総力を挙げたことで、私たち
の手がけたイベントの中でもとりわけ多くの来場者数を記録し
た、愛知県日進市の岩崎城天守閣プロジェクションマッピング
の事例です。

　隣接する長久手市でジブリパークが開園し、その誘客効果を
狙った取り組みとして大きく報道され、ＮＨＫの番組で生中継
されたことで、一気に注目されました。また、日進市が総力を
挙げて広報や運営、関連商品の開発などに取り組んだことで、
私たちの予想をもはるかに超える最大限の効果が得られた、注
目すべき好事例です。

　長久手市では2005年に愛知万博が開催され、2022年11月、
その跡地にジブリパークが開園しました。そこで日進市では、
このジブリパークに訪れる観光客をターゲットに周遊型観光を
促進し、昼はジブリパーク、夜は日進市に足を延ばしてもらお
うと、岩崎城でプロジェクションマッピングが行われることに
なりました。

　岩崎城はもともと室町時代末に築かれたとされ、尾張と三河
を往来する街道の要衝地として戦国武将の奪い合いになるなど、
めまぐるしく変わる歴史の舞台となりました。岩崎城が歴史に

名を残す契機となったのが、1584年の小牧・長久手の戦いです。織田・徳川連合軍の後方撹乱を狙った豊臣方の池田恒興隊を岩崎城代、丹羽氏重が阻止して、氏重以下300余人が討ち死にしたと伝わり、このことが織田・徳川軍を勝利に導いたと言われています。

　その後、天守が整備された岩崎城ですが、2023年の大河ドラマ『どうする家康』放送の追い風もあり、ジブリパークの開園の効果による誘客に加えて、文化振興の促進とシビックプライド醸成、岩崎城の知名度向上を図るため、プロジェクションマッピングの企画が具体化していきました。

　日進市は名古屋市とも隣接していますが、名古屋城や長久手

投影前の岩崎城　写真提供：岩崎城歴史記念館

市のジブリパークのような全国的に有名な観光スポットがある
わけではありません。そこで地の利を生かし、長久手市からの
周遊型観光を狙って、岩崎城が舞台に選ばれました。

　プロジェクションマッピングと連動する形で、2022年の11
月から12月にかけての2か月間、岩崎城のライトアップも行
われました。岩崎城は高台にあり日進市の夜景が一望できるた
め、ライトアップを契機に人を呼び込み夜間観光スポットとし
て定着を図りながら、プロジェクションマッピングはそのハイ
ライトと位置づけて行われました。

　岩崎城のプロジェクションマッピングが多くの来場者を呼べ
た最大の要因としては、市長が率先してプロジェクションマッ
ピング盛り上げの旗振り役となり、広報や運営、プロジェクショ
ンマッピングオリジナル商品の開発などに一丸となって取り組
んだことが挙げられます。

　日進市、岩崎城で初めてのプロジェクションマッピングという
話題性に加えて、プロジェクションマッピングのポスター用のイ
メージビジュアルを市の広報誌の表紙に採用し、市民に対して大々
的に宣伝を行いました。また、イメージビジュアルはクリアファ
イルや丹羽家の家紋入りどら焼きのパッケージ、さらに特別御
城印にもなって販売されるなど、総力を挙げてプロジェクション
マッピングを成功させよう、という気概に満ちていました。

　自治体の広報誌は市民に広く配布されるもので、テレビの視
聴者数や新聞の購読者数が減っている中、宣伝ツールとして極

めて強力です。大きな自治体では広報誌の表紙をイベントのポスタービジュアルにするのはハードルが高いと考えられますが、日進市だからこそ実現できたことかもしれません。

　一方で、自治体の広報誌や自治体が運営するＳＮＳアカウントは市内に対しては強力な宣伝効果を発揮しますが、市外に対してはほとんど有効ではないのが実際のところです。そこで、私たちがＳＮＳのターゲティング広告によって近隣市外、特にジブリパークの近くにいるＳＮＳユーザーに対してアプローチすることで、市内と市外のプロモーション施策の理想的な分担ができました。

　ジブリパークの開園という全国的に注目が集まるニュースに関連して、その誘客効果をプロジェクションマッピングで周遊型観光につなげようという日進市の取り組みはメディアでも大きく扱われ、NHKの夕方のニュース番組でプロジェクションマッピングが生中継されることになりました。

　テレビや新聞などのメディアによる取材は、非常に大きな宣伝効果がありますが、とりわけNHKは商業的な宣伝ができないため、イベントに対して社会的な「お墨付き」を得たことになり、絶大な信頼性と集客力につながります。しかも生中継ともなれば、その広告的価値は計り知れません。

　私は元NHK職員ですので、生中継の放送時間についての知識もあります。プロジェクションマッピングの最も「映える」

場面に合わせることで、生中継の宣伝効果の最大化を図りました。午後6時30分15秒というような秒単位の時間に投影コンテンツの進行を合わせ、アナウンサーが「暗闇の中に城が浮かび上がって揺れました。城全体に岩崎城天守閣の文字が出ました」というようなコメントをしています。生中継はプロジェクションマッピングのイベント本番初日で、当然ながら大勢の来場者、それもすでに私たちの予想を超える数の人が会場にいます。その中で来場者に影響のないように生中継に合わせてプロジェクションマッピングの投影タイミングをコントロールするのはそれなりの技術と経験が必要になります。こうした対応力も功を奏した要因と言えます。

岩崎城のプロジェクションマッピング

業務概要／業務内容（完了予定日）	
契約	業務委託契約締結（9/1）
事業計画	会場下見（12月中旬） 運営マニュアル作成（10/21）
コンテンツ 企画制作	建物3D完成（9/5） モチーフ素材提供・購入、著作権処理（9/30） モチーフ素材モーショングラフィックス・ＣＧ制作（10/31） プロジェクションマッピングコンテンツ制作・試写・修正（11/15）
機材設計・ システム設計	ライトアップ設計（10/21） 投影シミュレーション制作（11/4） 投影機材（プロジェクター・レンズ等）手配（10/31）
広報・広告	メインビジュアル・ロゴ制作・提出（9/16） プレスリリース制作・配信（10/14） ウェブサイト掲載（10/13） ＳＮＳ掲載（10/21） ポスター制作・印刷・一括送付（10/28） Instagram/Facebook広告配信（11/4〜11/18）
設営・本番・ 撤収	デジタルライトアップ設営（10/30〜10/31） デジタルライトアップ本番（11/1〜12/25） イントレ・テント・電源設営、プロジェクター・システム設営、音響設営（11/16） プロジェクションマッピング映像調整（11/16〜11/17） リハーサル（11/17） プロジェクションマッピング本番（11/18〜11/20） 撤収（11/20中）
事業実施 結果報告	記録写真（JPEG、RAWデータ）の提出（12/9） 記録映像編集・提出（12/26） 記録映像YouTube配信（12/26） 記録映像公開プレスリリース制作・配信（12/26） ＡＩによるＳＮＳ波及効果分析・レポート提出（11/30） 実施結果報告書の提出（12/26） 記録映像アナリティクスデータ提出（年度内）

岩崎城のプロジェクションマッピングとライトアップの業務実施スケジュール

CASE

7

CITY 三重県津市

国内最大級の国宝の寺院で
伝統文化とデジタル技術の共演
2日間で約1万人の集客を達成

目的 》》》
- 親鸞生誕850年の1年前記念事業
- 国宝の文化財とデジタル技術の融合、文化の発信

THEME
- 高さ25m、幅42m 国内最大級の国宝の寺院
でのプロジェクションマッピング

効果 》》》
- 文化の発信による地域の大きな盛り上がり
- 2日間で約1万人の集客

DATA　三重県津市の概要

人口	**27万1693人**（2023年7月31日現在）
世帯数	**12万8878世帯**（2023年7月31日現在）
面積	**711.18 km²**

名産品・特産物
伊勢型紙
あおさのり

文化財
津城跡

　津市は東部が伊勢湾に臨む県庁所在地であり、四日市市に次ぐ県内第2の人口を持つ都市。全国の県庁所在地の中でも人口はかなり少ない方だが、鉄道、バス、伊勢自動車道に加えて海上アクセス港「津なぎさまち」から愛知県の中部国際空港（セントレア）への高速船が出ており、交通は便利になっている。

　かつては伊勢参りの宿場として「伊勢は津でもつ 津は伊勢でもつ 尾張名古屋は城でもつ」と歌われるほどのにぎわいを見せた。現在は美しい自然に恵まれた景観のほか、温泉やご当地グルメなどがあるが、三重県北部地域や東部の伊勢志摩地域に比べると観光客の来訪数が多いというわけではない。

あおさのり
写真提供：PhotoAC

津城跡
写真提供：三重フォトギャラリー

▶ 巨大な国宝木造建築とデジタルアートとのコラボレーション

　真宗高田派本山である専修寺の国宝、御影堂でのプロジェクションマッピングは、その歴史に加え、全国の木造建築物で5番目の大きさという非常にスケールの大きなものでした。

　三重県津市にある専修寺は、全国600か所余りある真宗高田派の寺院の中、本山の寺院で古い歴史があります。東京ドーム約2個分の広大な専修寺の境内にある御影堂は、三重県で初めての国宝建造物に指定され、幅約42m、高さ約25mという巨大さです。

　現在の御影堂は1666年に建立されたもので建築図面が残っておらず、現場で撮影した高精細な写真をもとに投影対象の3Dモデルを制作していきました。また御影堂の前面には大きな寺院幕が設置されており、寺院幕を含めた投影方法を検討する必要がありました。

　専修寺の象徴とも言えるのが蓮で、境内にはたくさんの蓮があります。投影コンテンツの制作にあたっては蓮の花のモチーフに加えて、浄土真宗の宗祖、親鸞聖人の教えや極楽浄土をイメージした場面を盛り込むとともに、音楽にも工夫を凝らし、重誓偈と呼ばれる浄土真宗の偈を音楽に重ね、世界観を表現しました。極楽浄土をイメージしながらも、専修寺は過去に大きな火災に見舞われた歴史があり、御影堂も日本有数の木造建築物であることから、火を想起させる場面は避けるといった注意

投影前の専修寺御影堂

専修寺御影堂のプロジェクションマッピング

専修寺御影堂のプロジェクションマッピング

も払っています。

　御影堂でのプロジェクションマッピングは、真宗高田派の開祖である親鸞生誕850年の節目の1年前を記念するイベントとして2022年の5月に行われました。同じ三重県にある斎宮でのプロジェクションマッピングと異なるのは、観光振興が主な目的ではなく、専修寺が主催し、親鸞生誕850年の節目に向けたお祝いのイベントだということです。

　広報も専修寺が主体となって行い、新聞の折り込み広告など広範囲の広告に力を入れました。私たちも独自にＳＮＳによるターゲティング広告を展開し、新聞とＳＮＳというターゲットの住み分けをしたことで、2日間で約1万人もの来場者がありました。一方で、いくら大きな建物とは言え会場周辺の道路や駐車場があまりにも多くの来場者に対応しきれず渋滞を引き起こし、駐車できるまでの待ち時間や観覧できるまでの待ち時間が発生するという課題もありました。こうした課題は、開催日数や開催時間を延長し来場者数を分散させることで解消することができます。

CASE

8

CITY 三重県松阪市

建物と庭園の
空間全体を生かした
プロジェクションマッピングと
ライトアップのハイブリッド

目的 》》
- 桜松閣（おうしょうかく）の建物と庭園を生かしたデジタル技術によるライトアップ
- 観光客の滞在時間の増加
- 周辺の観光資源への理解促進・興味関心の喚起

THEME
- 文化財の知名度向上

効果 》》
- 3日間で約4000人の集客

DATA 三重県松阪市の概要

人口	15万4734人
	（2023年8月1日現在）

世帯数	6万5920世帯
	（2023年8月1日現在）

面積	623.6 km²

名産品・特産物

松阪茶
松阪牛
松阪木綿

　松阪市は三重県のほぼ中央、津市の南側に位置している。三重県を南北に分けるような形で伊勢湾から奈良県境まで横断しており、津市に続く三重県第2の面積を誇る。

　山と海に囲まれた自然豊かな土地であり、全国的に有名なブランド牛の産地であるほか、江戸中期に国学を研究し『古事記伝』を著した本居宣長の出身地としても有名。市のシンボル的な存在とも言える史跡松坂城跡（松阪公園）や趣のある町並みなど、歴史・文化を今に残す。

　人口は約15万人。四日市市、津市、鈴鹿市に続く県内第4位の都市だが、移住に向く住みやすい町として紹介されており、地方への移住希望者の注目を集めている。

　近鉄の駅があり、松阪駅から名古屋までは1時間5分、大阪までは1時間35分。

左：松阪茶　右上：松阪牛　写真提供：三重フォトギャラリー
右下：松阪木綿　写真提供：Photolibrary

> ▶ 投影対象を一つに絞らずに空間全体を光で演出する
> デジタルライトアップ

　プロジェクションマッピングを行いたいと思っても、集客が
見込める大きな投影対象がないというケースもあります。その
場合、小規模なプロジェクションマッピングやライトアップを
複数組み合わせて空間全体を光で演出するのが、私たちがパッ
ケージ化したデジタルライトアップです。その成功事例が、三
重県松阪市にある松坂城跡、桜松閣でのイベントです。松坂城
跡は、国史跡に指定されているほか日本100名城にも指定され

桜松閣のプロジェクションマッピング

ています。天守などの建物はありませんが豪壮な石垣が残って
おり、国特別史跡の本居宣長旧宅があります。この本居宣長旧
宅の管理事務所として建てられたのが、国登録有形文化財の桜
松閣です。文化的価値はあるものの認知度は決して高くなく、
その活用に向けた取り組みを進める中で私たちに声がかかり、
桜松閣でプロジェクションマッピングができないかということ
になりました。

　とは言え、桜松閣は平屋建てのそれほど大きくない建物で、しかも建物の前には覆いかぶさるような樹木があり、プロジェクションマッピングだと宣伝して集客を行うには厳しい条件でした。また、観覧スペースも十分ではなかったところから、私たちが提案したのが桜松閣とその周囲の庭園全体を活用し、プロジェクションマッピングとライトアップを組み合わせて空間全体を光で彩るデジタルライトアップです。

　具体的には、桜松閣の建物にプロジェクションマッピングを行い、メインコンテンツと位置づけながら、庭園のさまざまな場所に白い和傘を配置し、それをスクリーンに見立てたライトアップ、色づく樹木や石碑へのプロジェクションマッピングを

桜松閣のプロジェクションマッピング

サブコンテンツとして、空間全体を一周する動線を作り、回遊型の光のイベントとして組み立てました。

　それらを総称してデジタルライトアップというコンセプトにした最大のポイントは、建物のプロジェクションマッピングとその他の光の演出がすべて音楽に合わせて連動していることです。技術的には建物に投影するプロジェクションマッピングの映像のタイミングに合わせて照明の色を調整し、システムで同期させているのですが、青い万華鏡のような場面では周囲の照明の色を青系のグラデーションにし、本居宣長にちなんだ『源氏物語』の絵巻の場面では照明の色が平安時代をイメージした赤や白に変わる、といった形です。

　私たちが手がける多くのプロジェクションマッピングでは、プロジェクターによる映像コンテンツの投影と併せて、ムービングライトなどを使った照明の演出を組み合わせることで、演出効果を高めています。照明の演出はメインコンテンツとなるプロジェクションマッピングの引き立て役として機能しているのですが、その技術を応用し、プロジェクションマッピングとライトアップを連動させながら、空間全体に演出をちりばめることで回遊型のイベントに仕立てたのがデジタルライトアップです。

　桜松閣でのデジタルライトアップでは、3日間で約4000人の来場者が訪れました。ほかの大規模なプロジェクションマッピングの事例と比較すると決して多い人数ではありませんが、それほど広くない桜松閣の空間に入場できる人数は限られているため範囲やターゲットを絞った広告を行いました。

　にもかかわらず、結果としては会場に一度に入りきれないほどの来場者が訪れ、整理券を配布して入場者数を管理するなど、大盛況でした。

　有名な建物や大きな建物がない、プロジェクションマッピングを投影できるような場所がないと諦めている自治体でも、その地域の歴史や文化が息づく特色ある公園ならばあるはずです。そのような場所でプロジェクションマッピングではなく回遊型のデジタルライトアップを考えてみるのも有効な手段となります。

　私たちはこれまで、建物以外へのプロジェクションマッピングやデジタルライトアップも数多く手がけてきました。例えば愛知県岡崎市では、歩行者専用の橋の上に置かれた自動車に対してプロジェクションマッピングを行ったことがあります。自動車の背後にはLEDスクリーンを屏風のように設置し、プロジェクションマッピングとLEDの映像、さらに照明演出を組み合わせた光のイベントとして大いににぎわいました。

　また、愛知県西尾市では採石場跡にある断崖絶壁をスクリーンに見立て、「吉良屏風壁」という新しい名称も考案し、崖の景観を生かしたプロジェクションマッピングという新たな試みで、成功に導いています。

　プロジェクションマッピングは必ずしも大きな建物がなければ実現できないものではありません。建物以外の岩や滝など自然景観や、観覧・鑑賞スペースを設けられる空間さえあれば、アイデアしだいで全く新しい、話題性のある投影対象を創作することもできます。例えば棚田を生かしたプロジェクションマッピング、水中に泳がせた鯉のぼりへのプロジェクションマッピングなど、私たちにはいまだ誰も実現していない、しかしながら実現可能なアイデアが売るほどあります。

　逆に、プロジェクションマッピングを行う際に必要になるのは建物よりもむしろ、十分な観覧・鑑賞スペースや人が流れる

動線と集客に耐えられる駐車場または公共交通機関です。プロジェクションマッピングの来場者が安全に観覧・鑑賞でき、入場までの待ち時間が少なく、ストレスなく観覧・鑑賞できることが重要です。それさえ確保できれば、アイデアしだいで無限の可能性があります。

　狭い空間であっても、「ＳＮＳ映え」を狙うことで集客は可能ですし、近年はショーのようにただ観覧するだけのイベントではなく、来場者が空間全体を体感でき、自分も含めて「映える」写真が撮影できるような体験型・回遊型のイベントが人気です。

　そうしたトレンドもあり、デジタルライトアップや私たちが手がけるイマーシブミュージアムは世界的に需要が伸びていくことは間違いありません。

　誰もが思いつくような場所でのプロジェクションマッピングでなくても、さまざまな制約の中で関係者が知恵を出し合いブレークスルーを見いだしたときの喜びは格別なものがありますし、そうして不安の中で立ち上げたイベントに多くの人が来場し、心からイベントを楽しみ、ＳＮＳで感想とともに発信してくれるのは関係者にとってこの上ない幸せなことだと思います。来場者も主催者も幸せになれる唯一無二の光のアートを、私たちはこれからもたくさん生み出していきたいと思っています。

PART

3

プロジェクション
マッピングの技術は
まだまだ進化する

プロジェクションマッピングは建物への投影だけでなく、ダンスや音楽などのライブパフォーマンスやサーカス、イリュージョンなど活用の幅が拡大し続けています。また、センシング技術やプログラムとの組み合わせにより人の動きに応じてプロジェクションマッピングの映像が変化したり、自分が描いた絵をスキャンすると自動的にアニメーションが付いたり、撮影した写真を送るとリアルタイムで投影されたりといったインタラクティブな参加型のコンテンツも増えてきました。中でも、屋内で壁面や床面全面にプロジェクションマッピング映像を投影し、アートの世界に没入できるイマーシブミュージアムは世界的なブームになっており、私たちが手がける「動き出す浮世絵展」も名古屋での初開催後、次の展開がイタリア・ミラノに決まるなど、世界に広がっています。

こういったプロジェクションマッピングを使ったイベントは大きな話題を呼び、言語を超えて小さな子どもから大人、高齢者まで楽しめる新しいアートとして人気を集めています。

地域活性化の起爆剤として、ビジネスプロモーションとして、コンサートやステージショーの演出として……。プロジェクションマッピングの活用の場はアイデアしだいで無限に広がっていくのです。

新たな視点の
コンテンツを探す

▶ 人口減少社会の課題と期待される効果

　現在の日本はすでに人口減少のフェーズに入っています。さらに、東京を中心とした首都圏への人口流入傾向は続いているため、地方の人口減少は加速しています。そのため、地域活性化やシビックプライドの醸成、地方創生といった取り組みは、地方自治体にとって今後ますます切実な課題になっていきます。こうした社会的な背景の中で、プロジェクションマッピングに求められる役割はさらに大きくなっていくと考えられます。

　とは言え、プロジェクションマッピングに期待される効果を得るためには、しっかりとした戦略が必要です。ニュースバリューや新しい魅力を創出しイベントの集客力を高めつつ、来場者による評価の量と質を高める工夫をしなければいけません。

　最適なプロジェクションマッピングのシステムで高品質なコンテンツを投影するのはもちろん、メディアによるパブリシティーやＳＮＳの効果を高めるための戦略が必要になるということです。プロジェクションマッピングをサービスとして提供する企業にとっても、そのような戦略性が今後ますます求められていくでしょう。

　また、今後も世界から日本を訪れる外国人観光客は増え続けると考えられます。人口減少社会の中で地域の活性化や地方創生が切実な課題となっている自治体の中には、外国人観光客の獲得が最重要課題になるところも多くなるでしょう。

空間体感！ 動き出す浮世絵展 NAGOYA

▶ 新たな魅力を発信できるインバウンドに強いコンテンツ

　日本人が海外旅行をする場合もそうですが、一般的には海外から日本を訪れた観光客は、まずは誰もが知るメジャーな観光地に向かいます。初めて日本を訪れた外国人が地方のマイナーな場所に行くのはまれです。日本を訪れる外国人観光客が主要な観光地以外に訪れるとすれば、長期滞在の場合は主要都市の後、あるいは2回目、3回目の日本への旅行である可能性が高くなります。つまり、彼らはすでに日本を代表する観光地を体験している可能性が高く、それらと比較してユニークな特徴がなければ、外国人観光客を呼び込むことは難しいでしょう。

　だからこそ、地域ならではの文化観光資源を活用し、期間限定で夜にのみ開催されるプロジェクションマッピングは、わざわざ外国人観光客が地方を訪れる価値のある、インバウンドに強いコンテンツとしてさらにニーズが拡大していくと考えられます。

技術の進化と
個人のメディア化

▶ 技術の進化で身近になったプロジェクションマッピング

　オリンピックなどの大きなイベントをきっかけに、より高輝度で軽量なプロジェクターが開発されるなど技術が進化し、それほど大きくない地方自治体でもプロジェクションマッピングを実現しやすくなりました。今後も、あらゆる人にとってより身近なものになっていくでしょう。

　プロジェクションマッピングの技術の進化については、近年のＡＩによる影響も大きなものがあります。ＡＩによる画像生成やアニメーション生成の技術は、クリエーティブなイメージの具体化に役立つだけでなく制作工程の補完としても機能し、プロジェクションマッピングのコンテンツ制作にすでに大きな影響を与えています。

　例えば、私たちのプロジェクションマッピングのコンテンツでは、その地域ゆかりの屏風絵や浮世絵などから人物を切り出して、その人物が生き生きと動くような演出を入れることがあります。そのような演出をする際にも、解像度が足りないデジタルデータをＡＩで補ったり、切り出した人物の平面的な画像からＡＩによって顔の表情などの立体的な動き付けを行ったりしています。このような技術がさらに発展することで、コンテンツ制作のコストを抑えられるばかりか、より高度で革新的な映像表現が可能になると考えられます。

▶「個人のメディア化」で変化していくアプローチ

また、プロジェクションマッピングを契機にシビックプライドの醸成や地方創生を図ろうとするうえで、スマートフォンによる写真、動画撮影やＳＮＳを意識することは欠かせません。スマートフォンの高機能化による撮影機能の高度化に加えて、InstagramやＸ（旧Twitter）、YouTubeといったＳＮＳや動画共有サービスを通じたコミュニケーションによって演出や楽しみ方も変化していくでしょう。

そうした変化の中で重要なキーワードは「個人のメディア化」です。従来、社会に広く影響を与え、トレンドを生み出してきたのはテレビや新聞などのマスメディアでした。しかし、スマートフォンの普及や５Ｇなど高速・大容量の通信システムによって、一人の個人が一つのメディアであるかのように社会に影響を与える情報を発信することが可能になったのです。今後はさらに動画の投稿が増え、「映え」だけではなく動画のニュース性やストーリー性が重要視されていくと考えられます。そうした動きを背景に、「期間限定で今しか体験できない」「行かないと体験できない」というイベントの価値がさらに評価されるようになるでしょう。

テレビや新聞といったマスメディアの力は依然として大きいですが、個人のメディア化とその最新のトレンドを踏まえた戦略策定がプロジェクションマッピング成功の鍵になります。

03 未来を
プロデュースする
プロジェクション
マッピング

> ▶ リアルとの融合でXRを超える感動体験の創出

　私たちは、プロジェクションマッピングの技術を仮想現実（VR）や拡張現実（AR）、複合現実（MR）などを総称するXR（クロスリアリティー）技術と近い技術だと捉えています。一方で、肉眼で現実にそこにある映像を見ることができるという点で、プロジェクションマッピングはXRを超えるものだと考えています。

　プロジェクションマッピングは立体的な映像表現で建物などの立体物を、実際には動いていないのにまるで動いているかのように見せることができます。その映像はバーチャルなものではなくリアルなものとして捉えられ、だからこそ人々はプロジェクションマッピングを写真や動画で撮影したくなります。ゴーグルを着けなければ体験できないVRや、スマートフォン越しでなければ体験できないARは、バーチャルの一線を越えることができず、リアルな感動には及びません。

　メタバースも含め、XR技術はさらなる進化が期待されますが、そうした技術も部分的に取り入れながら、プロジェクションマッピングもまた進化し、さらにスケールの大きなリアルな感動体験を創出できるようになっていくでしょう。また、ライブパフォーマンスとの融合など、プロジェクションマッピング

ならではの特長を生かした新しい形態の感動体験も生み出され
ていくはずです。世界的に見ても、プロジェクションマッピン
グの市場規模は今後さらに拡大していくと予想されています。

▶ 求められるのはトータルプロデュース力

　こうした動向を踏まえると、プロジェクションマッピングは
そのニーズの拡大に伴って求められるレベルが一層高くなり、
新たな企業の参入障壁も高くなっていくと考えられます。集客
につながるSNS対策やパブリシティーの戦略、来場者の期待
に応えられる質の高いコンテンツの制作力、人口減少社会の中
でインバウンドを取り込み、地域活性化や地方創生につなげて
いく手腕がますます問われる時代になります。

　地域に寄り添い、地域の文化伝統や歴史を大切にしながらAI
などのあらゆる技術を駆使したコンテンツを制作し、最適な場
所で最適なシステムによるプロジェクションマッピングを投影
し、SNSやメディアの力の最大化を図りながら、プロジェク
ションマッピングをあらゆる面で成功に導くことが重要です。

　これからの時代に必要なのはプロジェクションマッピングの
技術だけではなく、総合的な技術力と戦略性を兼ね備えた、トー
タルプロデュース力なのです。

おわりに

　日本は少子高齢化とともに人口減少の時代に突入しています。さらに若者が大都市に流出し、地方から人がいなくなり魅力もなくなる負のスパイラルが発生しています。地方創生においては、この負のスパイラルから抜け出さなければなりません。

　そのためには若者が地元にとどまりたくなる、そしてできることならば、日本中、世界中から人が訪れる、魅力ある地域作りが必要です。地域の魅力向上に必要なことは、何より「にぎわい」です。

　若者や外国人が目を向けるような、ＳＮＳで評判になりテレビや新聞で取り上げられる影響力のある仕掛けが必要です。

　プロジェクションマッピングは、そういった点で非常に魅力的なイベントです。「映え」に加えて話題性やニュースバリューがあり、そこにある風景を一変させるという非日常の特別な体験をもたらします。さらにナイトタイムエコノミーへの貢献、インバウンドの拡大にも大きな効果を発揮します。地元の若者が興味を持つだけでなく、外国人も含む多くの人で地元がにぎわい、評価されることで地元への自信を取り戻すきっかけになります。

　もちろん、一度きりのプロジェクションマッピングで地方創生が成せるわけではありません。短期的に人を呼び込み驚きと感動を与え、社会的評価を得て、地域活性化に貢献することはできますが、その影響力は限定的です。

　地方創生に向けては、三重県明和町の斎宮のプロジェクショ

ンマッピングのように、長期的な取り組みとして地域の祭りや花火大会のように定着させ、恒例化していくことが欠かせません。また、改善を重ね、新たなアイデアを加え話題性を継続させていく取り組みも重要です。

　こうした取り組みはすでに有名な観光地でも有効です。長野県松本市では、観光の閑散期である冬季の誘客促進を図るため、国宝松本城を舞台に2年間レーザーマッピングを実施していましたが、より多くの集客や新たな工夫を望む声が寄せられ、私たちとEPSONが共同プロデュースするプロジェクションマッピングが採用されました。レーザーによる光の線を照射するレーザーマッピングと比較してプロジェクションマッピングは建物全体に映像を投影することができるため演出の幅が広がり、結果としてレーザーマッピングを大きく上回る集客、メディアやSNSでの大きな反響がありました。

　私たちが手がけるプロジェクションマッピングは、さまざまな技術を駆使して質の高いコンテンツを制作することはもちろん、その地域の文化伝統や歴史をいかにコンテンツとして昇華させるかを常に研究しています。国宝松本城でのプロジェクションマッピングでは、石垣に松本市の伝統工芸である「松本てまり」を半円の形で投影し、堀の水面の反射を利用して、プロジェクションマッピング映像による上半分の円とそれが反射した下半分の円がぴったりと合わさり、一つの大きな円の「松本てま

り」となる演出を行い、高い評価を得ました。

　こうした工夫は、地域の文化伝統が外国人を含む多くの人に知られるきっかけにもなります。

　私たちがテレビ愛知とともに企画制作した「動き出す浮世絵展」というイマーシブミュージアム企画もまた、浮世絵という日本が誇る伝統的な文化芸術の世界に没入できる体験が多くの外国人を引き付け、日本という国そのものの魅力向上に大いに役立っています。この「動き出す浮世絵展」は2023年夏に名古屋で初めて開催した後、2024年春にイタリア・ミラノでの開催が決定しています。浮世絵に描かれた日本を世界の人々がイマーシブミュージアムによって体感することで日本という国に魅力を感じてもらい、いつか日本を訪れてもらうきっかけになるはずです。

　プロジェクションマッピングは地方創生の第一歩になり得ますが、短期的な評価に満足せずに、長期的な取り組みとしてＰＤＣＡを回しながら次の一手を打っていくことが大切です。そのために、戦略どおりの成果が得られたか、来場者数にもとづく経済効果の算出やＳＮＳの声の拾い上げ、パブリシティーの広告価値換算、動画共有サービスにアップした記録動画のアナリティクス分析など、多角的な評価分析が必要です。そうして得られた結果を、次の一手に生かすのです。

　プロジェクションマッピングの広がりとともに、地方自治体

やテーマパーク、商業施設などでプロジェクションマッピング
を目にする機会も増えてきました。プロモーション映像ではな
く新しいアート、現代アートとして評価されることも多くなり、
私たちもそうした評価をいただける会社の一つになりました。
一方で、残念ながらプロジェクションマッピングの効果を十分
に発揮できていないイベントも数多く見られます。

　本書をお読みいただき、プロジェクションマッピングが地方
創生に寄与するかどうか、大切なことはプロジェクションマッ
ピングの技術ではなく何よりも戦略、総合力だと理解いただけ
たと思います。その力を最大限に生かすために、本書で紹介し
きれなかった私たちのほかの取り組みにもぜひ目を向けてほし
いと思います。
　プロジェクションマッピングは日本の力が生きる、可能性に
満ちあふれた夢の技術です。日本全国でプロジェクションマッ
ピングの活用がさらに広がり地域の活性化や地方創生に寄与す
ること、そして日本全体が生き生きと輝き、活力を取り戻すこ
とを切に願っています。
　結びになりますが、本書の執筆にあたり多大なご協力をいた
だいた地方自治体の皆様、関係者の皆様に深く御礼申し上げま
す。

著者紹介

東山武明
（ひがしやま たけあき）

株式会社一旗 代表取締役
1980年東京生まれ。
2002年日本放送協会（NHK）入局。放送事業マネジ
メント職として東京、札幌、名古屋などで勤務。
2019年6月日本放送協会退職。同年7月株式会社一
旗を設立。同年12月内閣官房・国務大臣秘書官任命、
2020年6月辞職。以降、プロジェクションマッピン
グやイマーシブミュージアムのプロデューサー・総
合演出として「岡崎城天守閣 プロジェクションマッ
ピング」「国史跡斎宮跡 平安絵巻 プロジェクション
マッピング」「ユネスコ世界遺産 サンマリノ歴史地
区とティターノ山 パラッツォ・パブリコ プロジェ
クションマッピング」をはじめ国内外でさまざまな
デジタルアートイベントを手がける。2023年9月に
はアメリカ・ニューヨークで開催された観光庁主
催・農林水産省共催による国連総会サイドイベン
ト・訪日観光レセプションのオープニングとして
3Dプロジェクションショーを、2023年12月には「国
宝 松本城天守 プロジェクションマッピング」を総
合演出。2024年春にはイタリア・ミラノで大規模
イマーシブミュージアム企画「動き出す浮世絵展
MILANO」をプロデュース。

本書についての
ご意見・ご感想はコチラ

光のアートで地方創生
地域を活性化させる
プロジェクションマッピング

2024 年 2 月 28 日　第 1 刷発行

著　者　　　東山武明
発行人　　　久保田貴幸

発行元　　　株式会社 幻冬舎メディアコンサルティング
　　　　　　〒151-0051　東京都渋谷区千駄ヶ谷4-9-7
　　　　　　電話　03-5411-6440（編集）

発売元　　　株式会社 幻冬舎
　　　　　　〒151-0051　東京都渋谷区千駄ヶ谷4-9-7
　　　　　　電話　03-5411-6222（営業）

印刷・製本　瞬報社写真印刷株式会社
装　丁　　　秋庭祐貴